Phänomenologische Forschungen

Phenomenological Studies / Recherches Phénoménologiques

Herausgegeben von Ernst Wolfgang Orth
im Auftrag der
Deutschen Gesellschaft für phänomenologische Forschung

Band 16

Die „Phänomenologischen Forschungen“ werden von Ernst Wolfgang Orth im Auftrag der Deutschen Gesellschaft für phänomenologische Forschung e. V., München, herausgegeben. Sie erscheinen jährlich zweimal, im Frühjahr und im Herbst.

Redaktionsadresse: Professor Dr. Ernst Wolfgang Orth, Universität Trier, Fachbereich I Philosophie, Tarforst, Postfach 3825, D-5500 Trier. Telefon (0651)2011, Telex 472680 Unitr.

Verlag Karl Alber, Hermann-Herder-Straße 4, D-7800 Freiburg i. Br., Telefon (0761)273495, Telex 07721440 herder.

Im Abonnement ermäßigter Preis. Für Mitglieder der Deutschen Gesellschaft für phänomenologische Forschung e. V., München, Pflichtbezug zum Mitgliederpreis. Für Studenten gegen jährlichen Nachweis Studentenabonnement. – Die Preise sind den jeweils gültigen Preislisten des Verlages Karl Alber zu entnehmen. Die Kündigung des Abonnements ist erst nach Abnahme von mindestens vier Bänden möglich und dann nur zum Ende eines Jahres.

Gedruckt mit Unterstützung der Deutschen Forschungsgemeinschaft.

Dilthey und der Wandel des Philosophiebegriffs seit dem 19. Jahrhundert

Studien zu Dilthey und
Brentano, Mach, Nietzsche,
Twardowski, Husserl, Heidegger

Beiträge von

Ernst Wolfgang Orth
Manfred Sommer
Werner Stegmaier
Elzbieta Paczkowska-Łagowska
Guy van Kerckhoven
Heribert Boeder

Verlag Karl Alber Freiburg/München

CIP-Kurztitelaufnahme der Deutschen Bibliothek

Dilthey und der Wandel des Philosophiebegriffs seit dem 19. Jahrhundert: Studien zu Dilthey u. Brentano, Mach, Nietzsche, Twardowski, Husserl, Heidegger / Beitr. von Ernst Wolfgang Orth ... – Freiburg (Breisgau); München: Alber, 1984.
(Phänomenologische Forschungen; Bd. 16)
ISBN 3-495-47552-4

NE: Orth, Ernst Wolfgang [Mitverf.]; GT

Satz und Druck: Presse-Druck Augsburg
ISSN 0342-8117
ISBN 3-495-47552-4

Inhalt

Einleitung: Dilthey und der Wandel des Philosophiebegriffs seit dem 19. Jahrhundert

Von Ernst Wolfgang Orth, Trier

Gewöhnlich wird das 19. Jahrhundert durch zwei Grundzüge charakterisiert. Es ist das Jahrhundert der Naturwissenschaften; es ist aber auch das Jahrhundert des historischen Bewußtseins, d. h. der Geschichtsforschung. Was diese beiden, sich scheinbar widersprechenden Bestimmungen verbindet, ist der Sinn für das Tatsächliche, für die Erscheinungen. Es sind die konkreten, durch ontologische Statusfragen scheinbar unbehelligten Phänomene aus dem Bereich von Natur und Geschichte, die man beobachten und beschreiben will, die man zu analysieren, zu verstehen und zu erklären sucht. Dies alles geschieht mit einem merklichen Impetus auf das ‚Praktische' – mit dem unverkennbaren Interesse an einer ‚fortschrittlichen' Gestaltung der Menschenwelt – und hat seinerseits zur Folge, daß neue Tatsachen gefunden oder geschaffen werden. Und als neue Erscheinungen auf den beiden großen Gebieten der Natur und der gesellschaftlich-geschichtlichen Welt wirken solche Tatsachen einerseits als Bestätigung vorangegangener Orientierungsbemühungen; andererseits aber ziehen sie neue Orientierungsbedürfnisse nach sich, das bedeutet: weiteres Beobachten und Beschreiben sowie Analysieren, Erklären und Verstehen – bis hin zum aktiven, ordnenden und verbessernden Eingriff.

Es entsteht eine Zwischenwelt der Information und der

Technik, in die sich Geist und Natur scheinbar anstandslos einfügen. In dieser Zwischenwelt – einer merkwürdigen Verbindung von Buch und Maschine, von Zeitung und Eisenbahn – bestätigt sich eine nie gekannte Akkumulation des Tatsächlichen, der sich der Mensch des 19. Jahrhunderts mit Optimismus stellen zu wollen scheint. Die Ordnung jener Erscheinungen ist nicht mehr eine vertikale, nämlich die Beziehung der Erscheinung auf das, wovon sie Erscheinung ist; sie ist vielmehr horizontal: Erscheinungen werden auf Erscheinungen bezogen und aus ihren Beziehungen heraus erklärt und verstanden. Sie sind nicht Erscheinungen von etwas, sondern allenfalls Erscheinungen für jemanden, nämlich den konkreten gesellschaftlich-kulturellen Menschen. Als die paradigmatische Form von Beziehung scheint vornehmlich die ‚Entwicklung' angesehen zu werden, die ihre Richtung vom konkreten Beobachter und Täter her erhält, der sich gleichwohl selbst in mannigfacher Weise von solcher Entwicklung bedingt weiß. Dieser Entwicklungsgedanke hat zunächst eine entlastende Funktion: er macht das Vergangene und Gegenwärtige – das, was sich akkumuliert hat – verständlich und scheint relativ offene, hoffnungsvolle Perspektiven für die Zukunft zu eröffnen. Das Problematische in diesem Tatsächlichkeitsandrang und das Ungesicherte in jener unruhig wachen Bewußtheit des Beobachters, der gleichzeitig mitmacht und deutend-erklärend zu bewältigen glaubt, hat Nietzsche gespürt und zum Ausdruck gebracht.
Die zweite unzeitgemäße Betrachtung (‚Vom Nutzen und Nachteil der Historie für das Leben', 1874) macht das schlaglichtartig deutlich. Die Thematisierung des Historischen, des Verhältnisses zur Geschichte, hat hier offensichtlich eine paradigmatische Bedeutung. Sie bezeichnet aber generell das Problem der Bewältigung der Tatsächlichkeit des Lebens. ‚Geschichte' ist nur *eine*, im 19. Jahr-

hundert weithin akzeptierte, wirksame Chiffre für dieses generelle Problem. Es könnte ebensogut nach Nutzen und Nachteil der Soziologie, der Naturwissenschaften, der Technologie – und auch der Geisteswissenschaften – für das Leben gefragt werden. Das Leben selbst ist die so oder so einheitlich erscheinende Vielfalt sich bewegender Erscheinungen, in denen der Mensch, selbst eine Lebenserscheinung, steht.

Geschichtliches, soziales, physikalisches Wissen sind ihrerseits Äußerungen des Lebens, die aber, indem sie sich als einzelne verselbständigen und jeweils geistige Schlüsselgewalt beanspruchen, in Konflikt mit dem Leben geraten, weil sie es einseitig fixieren und disziplinieren. Geist und Natur können nicht mehr zu reinen, ontologischen Größen monopolisiert werden. Auch der Geist ist immer schon applizierter Geist, appliziert als psychologisch-anthropologischer Typ Mensch, als Geschichte, Gesellschaft, Wirtschaft, Technik, Kultur. Jenseits solcher Applikationen verliert der Geist jeden Sinn – und ist allenfalls, wie es später heißen wird, Ideologie.

Geist und Natur – das sind nicht mehr die großen Themen der Wolffschen metaphysica specialis, d. h. der rationalen Psychologie und rationalen Theologie einerseits sowie der rationalen Kosmologie andererseits. Obwohl die Wolffsche Gliederung der Metaphysik als der Hauptdisziplin der wissenschaftlichen Philosophie noch in mancherlei Weise in den Werkgliederungen der Philosophen des 19. Jahrhunderts durchscheint, ist der Sinn dieser Gliederung – nämlich die Festschreibung des differenzierten ontologischen Status von authentischer Vernunft und authentischer Wirklichkeit – gleichsam stillschweigend ad acta gelegt.[1]

---

[1] Vgl. Christian Wolff, Discursus praeliminaris de philosophia in gene-

Geist und Natur – das sind nun Namen für konkrete ‚Erscheinungskreise', für Gruppen von Erscheinungen, die der konkrete Mensch je nach seiner ‚Weltstellung', seiner Erfahrungs-, Erkenntnis- oder Willensstellung beobachten und beschreiben kann, um sie dann – wenn möglich – zu verstehen oder zu erklären. Damit sind die operativen Begriffe genannt, die sich häufig bei Dilthey, aber auch bei anderen Autoren des 19. Jahrhunderts finden.[2] Ihr Sinn ist es, die fragwürdig gewordene metaphysische Ontologie zu unterlaufen. Der konkrete Mensch, d. h. der Mensch, der selbst an einem bestimmten Platz in der Welt und in der Geschichte erscheint, ‚läßt' die übrigen Erscheinungen ‚sehen' (vgl. Dilthey V, 157), d. h., er beschreibt sie, wie sie ihm von seiner Welt- und Erkenntnisstellung her, in gewisse Gebiete gegliedert, erscheinen. Beschreiben ist dabei zunächst gerade kein positiv definiertes Verfahren. Es wird negativ bestimmt als Verzicht auf die Bestimmung letztinstanzlicher ontologischer Statusfragen. Beschreiben als Sehenlassen bedeutet soviel wie die zugleich weltfreudige und weltklug-kritische Floskel: man wird sehen. Positiv bestimmt sich Beschreibung aus den Umständen und den sich demgemäß zunächst anbietenden konkreten Möglichkeiten des Zugriffs.[3]

---

re, [1]1728. Ders., Vernünftige Gedanken von den Kräften des menschlichen Verstandes..., Halle [1]1712, [3]1722. Ontologia als metaphysica generalis wird gelegentlich auch als philosophia prima von der metaphysica specialis mit ihren drei rationalen Disziplinen unterschieden.

[2] Zu ‚Erscheinungskreise' usw. Dilthey V, 141, 191, 363; zu ‚Erkenntnisstellung' usw. V, 35, 54, 159, 396. Vgl. auch Lotze und Riehl.

[3] Bereits Chr. Wolff bestimmt im Gegenzug zur „Erklärung" (allerdings von Begriffen) „Beschreibung" folgendermaßen: „reichet er (der Begriff) aber nur auf eine Zeit zu, von anderen gegenwärtigen Dingen etwas bei gewissen Umständen zu erkennen, so nenne ich ihn eine Beschreibung" (Vernünftige Gedanken..., a. a. O. 43).

An die Stelle der rationalen Metaphysik und Ontologie ist nun eine Ontologie der Harmlosigkeit, eine Para-Ontologie getreten, die man auch schon gelegentlich Phänomenologie nennt.[4] Es ist jene „andere unmetaphysische philosophische Geisteshaltung", die „im Kreise der Einzelforscher selbst" entstand, wie Dilthey sagt. „Sie begnügt sich mit der Beschreibung der phänomenalen Welt..." (Dilthey V, 358), eben der Erscheinungen. Es ist dies die Lage der nachhegelschen Philosophie- und Wissenschaftskultur, deren antispekulativen und antimetaphysischen Wirklichkeitssinn Dilthey begrüßt und forciert, deren Phänomenalismus er aber auch zu überwinden sucht – und zwar gerade durch seine Fassung des Satzes der Phänomenalität, demgemäß Beschreibung in bestimmter Hinsicht doch zu einer verbindlicheren, auf das Wesentliche gehenden Methode wird, ohne je die konstruierende Metaphysik wieder in Anspruch nehmen zu müssen.[5]

Das Stichwort für die nachhegelsche Philosophie- und Wissenschaftskultur, für die Zeit nach dem sogenannten Zusammenbruch der Hegelschen Spekulation – und damit des deutschen Idealismus – hat Hegel selbst gegeben: „Aber die Wissenschaft darin, daß sie auftritt, ist sie selbst eine Erscheinung..."[6] Das bemerkenswert Neue und Beunruhigende dieser Feststellung liegt darin, daß die Wissenschaft – und das ist in jener Zeit noch die Philosophie

---

[4] W. T. Krug, Allg. HdWb. d. philos. Wissenschaften, [2]1833, 3. Bd., 200, bucht im Artikel „Phänomen" auch „Phänomenologie" als „Erscheinungslehre", die in somatische und psychische Erscheinungslehre zu gliedern sei; das Wesen der Dinge soll dabei nicht erfaßt werden.

[5] Vgl. Dilthey V, 90ff. (Beiträge zur Lösung der Frage vom Ursprung unseres Glaubens an die Realität der Außenwelt und seinem Recht, 1890). Vgl. XIX, 1–57 (A Frühe Entwürfe).

[6] G. W. F. Hegel, Phänomenologie des Geistes, 1807, Einleitung, 4. Abschnitt.

als die höchste Form möglicher Wissenschaft – nicht mehr ausschließlich die souveräne Instanz der Erforschung und Rationalisierung der Wirklichkeit und ihrer Erscheinungen ist, sondern ihrerseits auch nur als bloße tatsächliche Erscheinung auftritt. Das Wissen selbst erscheint als eine Vielfalt von Tatsächlichkeiten der geschichtlichen, sozialen und kulturellen Wirklichkeit. Das bedeutet ein Zweifaches:

1) Das Wissen tritt auf als Pluralisierung des Wissens und manifestiert sich in vielfältigen faktischen Gestalten der Philosophie sowie in der Vielzahl von faktischen (Einzel-) Wissenschaften, ja, auch in außerwissenschaftlichen Formen der Kundigkeit.

2) Philosophie und Wissenschaften sind nicht nur Instanzen der Forschung, sondern selbst – als erscheinende Wirklichkeiten, als Phänomene – Gegenstand der Forschung.

Hegel hatte diesen Erscheinungs- und Pluralitätscharakter der Wissenschaft, dem er sich stellte, durch seine dialektische Methode ‚aufheben' wollen, indem er die innere Notwendigkeit des Erscheinens aufzuzeigen und sowohl in als auch aus dem Telos des absoluten Geistes rational zu vollenden suchte. Die Verhältnisse schienen damit sozusagen auf den alten Stand gebracht, den Christian Wolff im frühen 18. Jahrhundert in seinem Metaphysikbegriff und in dessen Gliederung in metaphysica generalis und metaphysica specialis neu festgeschrieben hatte. Die Vernünftigkeit des Wirklichen und die Wirklichkeit der Vernunft – als eine nicht bloß erscheinende, sondern als onto-logisch authentische Wirklichkeit – durfte rational geglaubt werden. Aber, was über Wolff hinausgeführt hatte und die Hegelsche Lösung im Sinne einer Rationalisierung auf höherer Ebene zu ermöglichen schien, führte nun auch über Hegel hinaus. Es war nämlich eine bestimmte Interpretation des kritischen Idealismus Kants, der Revolution der Denkart, zusammen mit einem Beim-Worte-Nehmen des Hegelschen Erscheinungsbegriffs, die aus Hegels System, ja, aus jedem System herausführten. Kants Kritik des Wolffschen Rationalismus führte zu einem kritischen Rationalismus, nach welchem eine rationale Ontologie der großen Themen der metaphysica specialis, Natur, Seele und Gott nicht mehr möglich war. Lediglich ein Inbegriff von Formen eines – seinerseits ontologisch nicht qualifizierbaren – *Bewußtseins überhaupt* konnte zur szientifischen Verarbeitung sogenannter Phänomene benutzt werden. Der Geist, d. h. im Sinne der metaphysica specialis die unsterbliche Seele und Gott, waren für Kant nicht mehr mögliches Thema der konstitutiven Philosophie und damit auch nicht der rationalen Wissenschaften. Sie konnten in der transzendentalen Dialektik nur noch als regulative Ideen erwiesen werden und durften außerhalb der Wissenschaft geglaubt werden – in einem Vernunftglauben, der auch Grundlage einer formalen Ethik war. Für das 19. Jahrhundert war das in zweifacher Weise problematisch. Kant schien damit nämlich sowohl zu viel als auch zu wenig zu behaupten. Für das diesseitige Lebensgefühl der Epoche verlangte er mit dem immerhin regulativ und moralisch begründeten Gebot des Glaubens an die Ideen von Gott und Unsterblichkeit zu viel. Zu wenig jedoch ließ er zu, wenn er der wissenschaftlichen Erforschung des Geistes keinen Platz mehr einzuräumen schien, wo doch der Geist z. B. als Geschichte, Literatur, Wirtschaft usw. tatsächliche Erscheinung war und somit beobachtet und beschrieben werden konnte – und dies gerade im Interesse der Erfüllung konkreter ethischer Aufgaben.

Insbesondere das ‚Bewußtsein überhaupt‘ wurde zu jener konkreten menschlichen Subjektivität uminterpretiert, die selbst als ein psychologisch und anthropologisch erforschbarer Inbegriff von Phänomenen erscheint. Schon nach dem jungen Dilthey war das „fundamentale Problem der Philosophie“ gemäß Kant folgendermaßen zu formulieren: „durch welche Mittel und in welchen Grenzen ist eine Erkenntnis der in innerer und äußerer Wahrnehmung erscheinenden Welt möglich?“[7] Damit wird aus der Kantischen Vernunftkritik, die erst im 19. Jahrhundert den Namen Erkenntnistheorie erhält,[8] eine Psychologie. Das Thema dieser Psychologie ist aber eines jener Erscheinungsgebiete, aus denen – in para-ontologischer Auffassung – die Wirklichkeit besteht und mit denen sich die verschiedensten einzelnen Wissenschaften beschäftigen, die Wissenschaften der Natur und die Wissenschaften des Geistes, wobei Geist – wie schon gesagt – nie reiner Geist, sondern erscheinender, so oder so manifestierter Geist ist.

Hier wird auch verständlich, daß die psychologische Fragestellung mit der historischen integral verbunden werden kann – zu dem, was schon der junge Dilthey eine ‚Kritik der historischen Vernunft‘ nennt, die ganz folgerichtig ‚Kritik der konkreten Vernunft‘ heißen darf. Denn das konkret Psychische dokumentiert sich ja notwendigerweise in der Zeit und in der zwischenmenschlichen Interaktion, also geschichtlich und ebenso auch sozial. Die

---

[7] W. Dilthey, Grundriß der Logik und des Systems der philosophischen Wissenschaften (für Vorlesungen), Berlin 1865, hier 3.

[8] Vgl. z. B. I. H. Fichte, Grundsätze für die Philosophie der Zukunft (Vortrag zur Eröffnung der ersten Philosophen-Versammlung in Gotha am 23. September 1847 gehalten), Stuttgart 1847, 21. I. H. Fichte plädiert auch zur Vermeidung metaphysischer Positionsstreitigkeiten für objektive historische Forschung (13 f.). Zum Terminus Erkenntnistheorie Carl Prantl, Die gegenwärtige Aufgabe der Philosophie (Festrede), München 1852; Eduard Zeller, Über Bedeutung und Aufgabe der Erkenntnis-theorie (Vortrag), Heidelberg 1862.

Disziplinbezeichnung, die das Psychische und Historische verbindet, ist die Anthropologie.[9] Es kann also keine Rede davon sein, daß ein zunächst eher psychologisierender Dilthey dann mehr historisierend vorgeht, eine Auffassung, die ihre Parallele in der These hat, Dilthey vollziehe eine Wende von der deskriptiven Psychologie zur Hermeneutik. In solchen Interpretationsversuchen von Diltheys Vorgehen wird freilich eine Unsicherheit in der Sache selbst und im System deutlich. Die Philosophie scheint ihre Funktion als vornehmliche Rationalisierungsinstanz verloren zu haben. Sie ist nicht mehr länger *die* Platzhalterin der Vernunft. Die Vernunft wird von den Einzelwissenschaften bewährt. Aber diese tun das mit unterschiedlicher Zuständigkeit und Reichweite. Was vernünftig, wissenschaftlich ist, gerät in die Vereinzelung einzelwissenschaftlicher Perspektiven und Materiallagen. Die Vernünftigkeit und Wissenschaftlichkeit der Wissenschaften scheint damit in ihrem allgemeinen Anspruch und Sinn mehrdeutig geworden zu sein. Eben das ist der Preis für die Verabschiedung der rationalen, metaphysischen Philosophie. So stehen sich die Einzelwissenschaften, die Natur- und die Geisteswissenschaften, zunächst gleichwertig – und das kann auch heißen gleichgültig – als Erfahrungswissenschaften naturhafter und geistiger Erscheinungen gegenüber. Auch die Geisteswissenschaften erforschen einzelne Bereiche eines bestimmten Erscheinungsgebietes. Gleichzeitig aber haben die Geisteswissenschaften auch eine sozusagen philosophieanaloge Grundlegungsfunktion – und zwar auch gegenüber den Natur-

---

[9] Die Anthropologie ist ein Fluchtpunkt für Diltheys philosophische Arbeit der Besinnung und Selbstbesinnung. Das Individuum ist Kreuzungspunkt des Strukturzusammenhangs. Vgl. dazu sehr einleuchtend Otto Pöggelers Einleitung zu Dilthey, Das Wesen der Philosophie, Hamburg 1984, S. XXIf.

wissenschaften. Es stellt sich dabei natürlich die Frage, welche Geisteswissenschaften diese Rolle vornehmlich spielen. In der Tat bietet sich, je nach epochaler Problemlage, je nach dem Stand der Forschung oder auch je nach Mode, mal diese mal jene Geisteswissenschaft als philosophisch grundlegend an. Das geht im 19. Jahrhundert bekanntlich so weit, daß – wenn auch gerade nicht bei Dilthey – auch einmal eine Naturwissenschaft die Funktion einer Grundwissenschaft übernimmt und so die Philosophie ersetzt (man denke an den physikalischen Monismus oder an den Materialismus).

Einen Ausweg könnte man hier in einem szientistischen Agnostizismus oder in der Annahme einer Art doppelten Wahrheit sehen, d. h., es sind nur einige und vereinzelte erscheinungs- und gebietsbezogene wissenschaftliche Klärungen möglich; der Sinn des Ganzen ist einem persönlichen Vernunftglauben oder einem persönlichen Nihilismus überlassen. Genau das ist es aber, was Dilthey als Phänomenalismus kritisiert. Dieses „freie Spiel" der „positiven Wissenschaften" (Dilthey XIX, 407 Anm. 87 zu XIX, 55) lehnt er ab. Er spricht von einem „neuen Geschlecht der Sophisten", „welches das theoretische Verneinen und praktische Geltenlassen aller Realität, in der wir leben, virtuos betreibt. Ihnen gegenüber ist der Nihilist eine geschlossene Natur, die Respekt einflößt." (XIX, 40) Für Dilthey hat die Philosophie – wie er in seinem ‚Grundriß' für Vorlesungen von 1865 betont – als ihren „letzten Gegenstand" „die allgemeine Weltansicht". Sie sucht „mit dem Grade von Evidenz, welcher dieser höchsten Aufgabe aller Forschung möglich ist, eine abschließende Weltanschauung" zu begründen (a. a. O. 3). Später wird Dilthey diese Aufgabe als „Generalisation" bezeichnen (Dilthey VIII, 203f.; VII, 169). Aber diese „Philosophie umfaßt selber die grundlegende und mehrere sehr wichtige Wissenschaften des Geistes" (Grundriß, a. a. O. 3). Die Philosophie ist damit selbst eine Geisteswissenschaft; und es ist offenbar ein Unterschied zu machen zwischen dem Plural der Geisteswissenschaften, die einzelne geistige Erscheinungsbereiche erforschen, und dem Singular der geisteswissenschaftlichen Philosophie, die den Sinn des Ganzen zu bestimmen sucht. Aber gerade dies leistet die Philosophie nur unter Zuhilfenahme einer einzelnen, grundlegenden Geisteswissenschaft, nämlich der ‚Psychologie und Anthropologie', wie Dilthey sie im Grundriß (a. a. O. 10) nennt; aber dabei wirken eben auch viele – oder alle? – anderen Geisteswissenschaften mit.

Man kann diesen Sachverhalt auch in die Sprache des 20. Jahrhunderts übersetzen: Der Anspruch der Einzelwissenschaften – hier der einzelnen Geisteswissenschaften – ist ein zweifacher. Sie treten als Basis-Wissenschaften und als Meta-Wissenschaften auf. Als Basis-Wissenschaft fungiert eine Wissenschaft, wenn ihre Thematik als unvermeidliche paradigmatische Grundthematik für jede weitere Orientierung dient. Ein Beispiel im 19. Jahrhundert ist die Rückführung der Wirklichkeit auf das Ökonomische bei Marx. Die meta-wissenschaftliche Funktion einer Einzelwissenschaft besteht darin, daß die einzelwissenschaftliche Perspektive dieser Wissenschaft auf andere Wissenschaften angewandt wird. Innerhalb seiner wohlverstandenen Grenzen ist das ein durchaus normales Verfahren. Man kann z. B. alle nicht-psychologischen Wissenschaften auch psychologisch, alle nicht-historischen Wissenschaften historisch usw. betrachten, solange man sich an die Bedingtheit solcher Verfahren hält und solange man weiß, welche Fragen man damit beantworten kann und welche nicht. Ein besonderer Fall ist es nun, wenn eine Einzelwissenschaft sowohl die Funktion der Basis- als auch der Meta-Wissenschaft übernimmt.

Genau dies ist aber das Problem des Projektes einer ‚Kritik der historischen Vernunft'. Denn dieses Projekt ist zweideutig. Zunächst bedeutet Kritik der historischen Vernunft im Anschluß an Kant und in Erweiterung seines kritischen Unternehmens die Frage nach den Möglichkeitsbedingungen der Erkenntnis des Historischen. Darüber hinaus ist damit aber auch eine Historisierung und Konkretisierung der Vernunft selbst gemeint, genauer: die Anerkennung der Tatsache, daß Vernunft und Wissenschaft – und das lehrt eben schon die Geschichte – immer in der konkreten Gestalt des historischen, Wissenschaft treibenden, konkreten Menschen auftritt.
Da Dilthey weder die traditionelle Vernunftmetaphysik in Anspruch nehmen kann, noch die einzelnen Wissenschaften einfach ihr Spiel treiben lassen will, muß er in der konkreten Situation des Menschen selbst und im konkreten Wissen über ihn den Hebel, das δός μοι ποῦ στῶ (Dilthey XIX, 53) finden. Es ist der, gemäß dem Satz der Phänomenalität vollzogene Rückgang auf das Erleben, dem die Erscheinungen erscheinen, und auf das authentische Innewerden des Psychischen in diesem Erleben, das diesen Hebel der Selbstbesinnung und der Besinnung auf das Ganze der Wirklichkeit in die Hand gibt und damit wieder eine philosophische Aufgabe bezeichnet. Es kommt alles darauf an, daß dieses Innewerden nicht voreilig charakterisiert wird. Es sind die „Zustände eines inmitten der Kultur zur Ausbildung gelangten Individuums von intellektuellen Neigungen und Gewohnheiten" (Dilthey XIX, 34), die im Innewerden evident erfaßt werden, nicht eines hypostasierten transzendentalen Subjektes mit formalisierten Vermögen. Was hier erscheint, wird beschrieben, so wie es sich – ohne zusätzliche Konstruktionen – zeigt. Dieses Beschreiben von Psychischem – im Sinne der auch bei Dilthey sogenannten deskriptiven Psychologie –

ist nun freilich nicht mehr bloße phänomenale Beschreibung, sondern authentisches Sehenlassen einer paradigmatischen Wirklichkeit, nämlich der des Erlebens. Beschreibungen im naturwissenschaftlichen Erscheinungsbereich werden demgegenüber immer vorläufig bleiben, weil sich hier nichts selbst erscheint und der Gegenstand nur durch eine indirekte und konstruierende Methode fixiert werden kann. Als, an einem Anschauungsmaterial, das sich selbst nicht anschaut, konstruierende Wissenschaft bleibt die Naturwissenschaft mit der traditionellen, konstruierenden Metaphysik verwandt, in deren Blütezeit – im 17. Jahrhundert – sie selbst auch entstanden ist. Im Falle der deskriptiven Psychologie jedoch ist aus einer para-ontologischen Beschreibung die Methode einer prima philosophia geworden, die in diesem Sinne bei Husserl Phänomenologie heißen wird. Da aber das Innewerden immer das Innewerden eines konkreten historischen, gesellschaftlichen Menschen in je besonderer Weltstellung ist, bleibt weiterhin die Aufgabe, die Mannigfaltigkeit der damit verbundenen Erscheinungen zu erfassen, d. h. viele einzelne Geisteswissenschaften zu betreiben, die das philosophische Geschäft der Besinnung objektiv verfeinern.[10] Dies ist um so dringlicher, als nach der Auffassung Diltheys Erkenntnistheorie nicht als eine schlechthin voraussetzungslose Disziplin gehandhabt werden kann.

Halten wir also als Befund der Wissenschaftsgeschichte vom 19. zum 20. Jahrhundert fest: Aus einer para-ontologischen, durchschnittlichen Methode des Beschreibens

---

[10] Freilich liegt hier auch die Schwäche und Tragik von Diltheys Werk, dessen philosophische Perspektive oft in vielen historischen Einzelforschungen, Vorhaben und Organisationsansätzen unterzugehen droht. Andererseits wird damit die für Dilthey entscheidende ‚Selbstbesinnung' vor der Hypostasierung bewahrt; sie hat sich vielmehr in immer neuen konkreten ‚Bewußtseinsstellungen' zu bewähren.

wird – bei dem gleichzeitigen Versuch eines Unterlaufens der traditionellen, rationalen Metaphysik – eine prinzipielle Zugangsmethode im Sinne der prima philosophia, nämlich die deskriptive Psychologie, die Husserl ausdrücklich in einem prinzipienwissenschaftlichen Sinn Phänomenologie nennen wird, obwohl sie gelegentlich schon im 19. Jahrhundert so heißt. Bei Dilthey – wie bei Brentano – scheint sich diese Entwicklung der deskriptiven Psychologie zur prinzipienwissenschaftlichen Phänomenologie angebahnt zu haben. Das bekundet sich schon darin, daß er dieser Psychologie in seinen ‚Ideen zu einer beschreibenden und zergliedernden Psychologie' von 1894 eine erkenntnistheoretische Funktion zugesprochen hat und diese Erkenntnistheorie als eine „Psychologie in Bewegung" (Dilthey V, 151) von jeder Vorbestimmtheit einer Psychologie als einzelwissenschaftlicher Disziplin freihalten wollte. Dem Begriff einer beschreibenden Wissenschaft wird in dieser Psychologie ausdrücklich „ein tieferer Sinn" zugesprochen (V, 173f.).
Ähnlich wie die deskriptive Psychologie hat nun auch die Hermeneutik eine Karriere von einer Neben-Disziplin zu einer Haupt-Disziplin im Sinne einer prima philosophia gemacht. Entwickelt sich die deskriptive Psychologie von einer para-ontologischen Verfahrensweise zur wesenswissenschaftlichen Phänomenologie, z. B. im Sinne Husserls, so die Hermeneutik von einem para-logischen Verfahren zur Sinnfindungs- und Sinngebungslehre schlechthin, die ihren ersten Höhepunkt in Heideggers Hermeneutik des Daseins als Fundamentalontologie hatte. Dabei ist Hermeneutik zunächst in der Tradition seit dem 16. Jahrhundert eine Lehre zur Kunst der Textauslegung, zumal solcher Texte, deren logische Struktur wenig gesichert ist (deshalb erscheinen Hermeneutiken auch oft als Appendices zu Logiken). Und so ist auch für Dilthey

zunächst die Hermeneutik eine Hilfsdisziplin der Textauslegung und als solche durchaus nicht ‚philosophisch'. Auch hier geht es lediglich um die Erfassung von Erscheinungen, nämlich von Texten. Da aber die geistige und philosophische Tradition unvermeidlich an Texte gebunden ist, bedarf es der Sicherung und des Verständnisses der Texte, auch und gerade solcher, in denen die Logik nicht auf der Hand liegt. So erreicht eine ganz spezielle und der Philosophie eher äußerliche Disziplin fast (!) universelle Bedeutung. Dilthey spricht in seinem Aufsatz über ‚Die Entstehung der Hermeneutik' von 1900 von der „unermeßlichen Bedeutung der Literatur für unser Verständnis des geistigen Lebens und der Geschichte" (V, 319).[11] Freilich hat die Literatur nicht nur Bedeutung, weil sie nun einmal als unvermeidliches Medium auch im Wege der Philosophie steht. In ihr stellt sich vielmehr das eigentliche Problem der Bedeutung und des Verstehens von Ausdruck (Dilthey V, 318f.). Hatte Dilthey in seinen ‚Ideen...' von 1894 das bloße Innewerden der eigenen Zustände Verstehen genannt, so heißt Verstehen jetzt das objektive Auffassen fremden Seelenlebens durch den Ausdruck; ja, selbst die eigene Objektivation läuft über solchen Ausdruck (V, 318). Dieser Verstehensbegriff, der in der deskriptiven Psychologie angelegt war, dient der besseren Strukturierung dessen, was im Innewerden erfaßt wird. Deshalb sieht Dilthey in Husserls Bedeutungslehre (der LU), die man sicherlich nicht im Sinne des Verfassers als hermeneutisch bezeichnen wird, eine Möglichkeit,

---

[11] In diesem Zusammenhang ist Diltheys Aufsatz ‚Archive für Literatur' aus der Deutschen Rundschau (1889) 360–375 zu nennen. Vgl. auch ‚Archive der Literatur in ihrer Bedeutung für das Studium der Geschichte der Philosophie' aus 1889 (Dilthey IV, 555–575). Dilthey beschäftigt sich hier auch mit Fragen der Organisation für die Sicherung, Aufbewahrung und Erschließung von Literatur.

seine eigene Erkenntnistheorie zu stabilisieren (vgl. Dilthey VII, 10, 14). Trotz der Arbeit an den Kategorien des Lebens, die Bedeutungs- und Bedeutsamkeitskategorien sind, wird man aber eine Entscheidung für eine ausdrückliche Philosophie der Hermeneutik oder hermeneutische Philosophie bei Dilthey noch nicht finden. Diese philosophische Hermeneutik als Erste Philosophie entwickelt sich erst in der Diltheyschule und bei Heidegger und wird dann auch in der späteren, sogenannten phänomenologischen Bewegung wieder zu erkennen gesucht.[12]

Um so wichtiger ist es, parallele Problemstellungen, die im 19. Jahrhundert entwickelt werden und die das 20. Jahrhundert beeinflussen, zu untersuchen. Gemeinsam ist ihnen allen, daß sie die traditionelle Metaphysik zu überwinden suchen und gleichwohl, bei vollem Respekt vor der Vielfalt der Erscheinungen, eine philosophische Grundperspektive entwickeln wollen. Der Erörterung dieser Problemlage – an einigen wenigen Beispielen – soll der hier vorgelegte Band dienen. Husserl und Heidegger sind dabei nur zwei Positionen, in denen die Problematik des 19. Jahrhunderts, die Dilthey durchlebt und durchgearbeitet hat, vorübergehend eine jeweils dezidiertere Ausgestaltung erfährt.

Was sich in den folgenden Studien sicherlich zeigen wird, ist dies, daß das 19. Jahrhundert nicht nur in einem trivialchronologischen Sinn der Vorläufer des 20. ist. Seine Problemstellungen zu untersuchen, heißt auch zum Verständnis unserer eigenen Zeit beitragen.

In den folgenden Beiträgen wird Dilthey nach den

---

[12] Dazu auch Otto Pöggelers Einleitung, a. a. O. XIX-XXXII. Vgl. auch Heinrich Anz, Hermeneutik der Individualität. Wilhelm Diltheys hermeneutische Position und ihre Aporien, in: Hermeneutische Positionen, hrsg. von Hendrik Birus, Göttingen 1981, 59–88.

‚Gesammelten Schriften' (Bd. I–XIX, Göttingen/Stuttgart 1959 ff.) durch Angabe der Band- und Seitenzahl zitiert.

Die Arbeiten gehen zurück auf Beiträge zu einer Tagung im April 1983 in Trier, die dem Thema ‚Wilhelm Dilthey und die Phänomenologie' gewidmet war. Wichtige andere Beiträge jener Tagung, die Diltheys Denken grundsätzlich erörtern und in einen engeren Zusammenhang mit der Philosophie des 20. Jahrhunderts stellen, werden im Frühjahr 1985 als Sonderband unter dem Titel ‚Wilhelm Dilthey und die Philosophie der Gegenwart' im Alber Verlag erscheinen.

Wilhelm Dilthey und Franz Brentano zur Wissenschaftsforschung

Von Ernst Wolfgang Orth, Trier

Das Thema Wissenschaftsforschung steht in einem engen Zusammenhang mit der heute gelegentlich resolut gestellten Frage nach der Aktualität der Philosophie.[1] Beide Problemkreise haben sowohl eine historische als auch eine systematische Komponente. Die historische Komponente liegt darin, daß Wissenschaften und auch die Philosophie – oder die Philosophien – wie von Zeit zu Zeit auftretende Tatsachen selbst zum Thema der Forschung gemacht werden können. Die systematische Komponente ist aber in der sich aufdrängenden Frage zu erkennen: Wer oder was diese Forschung mit welchem Recht, mit welcher Kompetenz und welcher Zielsetzung hic et nunc trägt? Denn so wie jede Wissenschaft für jede andere potentiell Gegenstand der Forschung scheint werden zu können, so scheint auch jede Wissenschaft für jede andere zugleich Instanz der Forschung zu werden. Wer hier die Verantwortung für die Formulierung der Orientierungsziele trägt, für die Gangbarkeit einzuschlagender Wege, d. h. für die Methode, die kein ‚Herumtappen' sein soll, das scheint dem freien Spiel der Kräfte, den gesellschaftlichen Interessen oder der sogenannten interdisziplinären Forschung überlassen zu sein. Die sogenannte Wissenschaftlichkeit der Wissenschaften, die Rationalität der Philosophie geraten

[1] Vgl. Hermann Lübbe (Hrsg.), Wozu Philosophie? Stellungnahmen eines Arbeitskreises, Berlin 1978.

ins Zwielicht, weil Wissenschaften und Philosophie zwischen der Bestimmung als Forschungsinstanz einerseits und erst zu erforschender Tatsachen andererseits dauernd changieren.
Eine merkwürdige Interferenz von Streben nach Allgemeingültigkeit einerseits und Okkasionalität andererseits, von Verbindlichkeitsanspruch und Situationsbedingtheit stellt sich ein. Die resolute Frage nach der Aktualität der Philosophie erweist sich dabei eher als schwankend. Sie wiederholt entweder den vieldeutigen Versuch der freischwebenden Wissenschaftsforschung – sozusagen ein Pluraletantum –, oder sie leitet eine Art von Kritik ein, deren simulatorischer Charakter unverkennbar ist. Auch die erneute Zuwendung zur Geschichte – mit allen Anzeichen der beflissenen Korrektur einer Unterlassungssünde – ist nicht selten eher Ausdruck der Irritation als deren Klärung; ihre Motive und Ziele bleiben oft unbestimmt. Unsere These ist es, daß es sich hier um Probleme handelt, die im 19. Jahrhundert entstanden sind und bereits damals mit vollem Bewußtsein bearbeitet worden sind. Wilhelm Dilthey und Franz Brentano erweisen sich als Exponenten dieser Entwicklung.

Dilthey und Brentano erscheinen zunächst als Antagonisten in der Philosophie- und Wissenschaftsgeschichte des ausgehenden 19. Jahrhunderts. Bei dem ersteren übernimmt die ‚geisteswissenschaftliche', bei dem letzteren die ‚naturwissenschaftliche' Betrachtungsweise die Führung in der Philosophie und damit auch in der wissenschaftstheoretischen Begründung der Einzelwissenschaften.[2] Ein

[2] Vgl. Wilhelm Dilthey, Grundriß der Logik und des Systems der philosophischen Wissenschaften (für Vorlesungen), Berlin 1865 und Wilhelm Diltheys spätere Texte im Umkreis der Weltanschauungslehre aus

weiterer Antagonismus, der allerdings in einem merkwürdigen Gegensatz zu dem erstgenannten steht, ist der, daß Brentano, der Protagonist des naturwissenschaftlichen Methodenideals, für eine metaphysische Philosophie plädiert, ja, schlicht eine Metaphysik für philosophisch möglich und notwendig hält, während der Geisteswissenschaftler Dilthey die ‚metaphysischen Systeme' historisch und philosophisch relativiert.[3] Dabei steht Diltheys Kritik an der Metaphysik in einem engen Zusammenhang mit seiner methodischen Einschränkung der Reichweite der Naturwissenschaften. Naturwissenschaften und Metaphysik haben gemeinsam, daß sie beide konstruierend verfahren, d. h. hypothetisch vorgehen. Nicht zufällig entfaltet sich – in der Sicht Diltheys – die moderne naturwissenschaftliche Forschung gleichzeitig mit der Ausbildung der großen metaphysischen Systeme im 17. Jahrhundert (vgl. Dilthey II, 246ff. passim, 342ff. passim; III, 68–74; IV, 352ff.). Die Metaphysik überspielt dabei die konkreten Erscheinungen, während die Naturwissenschaften ihre geregelten Methoden der Hypothesenbildung in strenger Anlehnung an die Daten der äußeren

---

1880–1898 (VIII, 171ff., 175ff., 179ff., 190ff.). Brentanos vierte Habilitationsthese von 1866: „Die wahre Methode der Philosophie ist keine andere als die der Naturwissenschaften." Vgl. Franz Brentano, Über die Zukunft der Philosophie..., hrsg. von Oskar Kraus, eingel. von Paul Weingartner, Hamburg 1968, 136f. Vgl. auch den Vortrag ‚Über die Zukunft der Philosophie' (1893), der diese Habilitationsthese ausdrücklich bestätigt (a. a. O. 29f.). Diese Bestätigung findet sich auch noch in einem Nachlaßtext aus 1904 in der Bayerischen Staatsbibliothek (E L 55).

[3] Vgl. Franz Brentano, Religion und Philosophie (aus dem Nachlaß), hrsg. von Franziska Mayer-Hillebrand, Bern 1954, Nachdruck Hamburg 1978, 72ff., 89ff., 100ff. Für Dilthey vgl. seine Kolb-Rezension unter dem Titel ‚Der Mensch und die Zahlen' von 1862 (XVI, 134–137) und ‚Die Kultur der Gegenwart und die Philosophie' aus 1898 (VIII, 190–201).

Erfahrung, d. h. der Beobachtung und Beschreibung von Erscheinungen, Phänomenen bewähren.
Und hier ergibt sich die erste Parallele zwischen Dilthey und Brentano: Die Wissenschaften und die Philosophie haben sich an Erscheinungen zu orientieren – ungeachtet dessen, wie es um die Bestimmung der Ziele einer Metaphysik stehen mag. Erscheinungen werden dabei – nach Brentano ausdrücklich gegen Kant und im Anschluß an Comte – nicht ontologisch-metaphysisch relativiert; kein Ding an sich ist ihnen zu unterlegen.[4]
Dilthey und Brentano sind damit bereits die Erben einer Erscheinungslehre – sozusagen einer Phänomeno-logie –, die man als eine Ontologie der Harmlosigkeit, eine Para-Ontologie bezeichnen kann. Ontologische Statusfragen der herkömmlichen Metaphysik werden unterlaufen, indem zunächst einmal auf Erscheinungen verwiesen wird, wie sie einem Beobachter in dieser oder jener Stellung zur Wirklichkeit in verschiedenen Gruppen von Erscheinungen gegeben sind, eben erscheinen.[5] Solche erscheinenden Tatsachen, Phänomene, sind zu beschreiben, möglicherweise auch zu erklären und zu berechnen, kurz: in ihren Zusammenhängen zu erforschen – ohne sich in Spekulationen oder auch nur in kritizistischen Konstruktionen zu ergehen.[6] Dabei ist schon in der ersten Hälfte des 19. Jahrhunderts die Gliederung in körperliche und geistige Phä-

---

[4] Vgl. Franz Brentano, Auguste Comte (1869), in: ders., Die vier Phasen der Philosophie und ihr augenblicklicher Stand, hrsg. von Oskar Kraus, neu eingel. von Franziska Mayer-Hillebrand, Hamburg 1968, 99–133, bes. 111f., 113f.

[5] Bei Dilthey findet sich häufig der Terminus ‚Erscheinungskreise' und ähnliche Formulierungen (z. B. V, 141, 191, 363) und auch ‚Bewußtseins-, Welt- oder Willensstellung' des Menschen oder einer Epoche (z. B. V, 159, 396, 399, 405, 415; vgl. VI, 67).

[6] Kants formales Subjekt wird schon vor Dilthey und Brentano z. B. von Beneke und Fries psychologisiert.

nomene lexikographisch festgeschrieben, ebenso der sowohl gemeinsame als auch differenzierende Zugang grob bestimmt, nämlich gemäß einer sogenannten äußeren und inneren Wahrnehmung oder auch äußeren und inneren Erfahrung, die das zu Erfahrende in der Beschreibung wiedergeben.[7] Prioritätsfragen wie die, ob Brentano oder Dilthey die Rolle der inneren Wahrnehmung zum Beispiel und demzufolge der sogenannten deskriptiven Psychologie zuerst entdeckt habe, sind deshalb eigentlich anachronistisch.[8]

Der so forcierte weltliche Tatsachensinn wird durch die

---

[7] W. T. Krug, Allg. HdWb. d. philos. Wissenschaften, Leipzig ^{2}1833, 3. Bd., 200 bucht unter „Phänomen": „... Erscheinung – ‚Phänomenologie' ist also eine Erscheinungslehre, und kann in die somatische (Phänomenologie der Körper oder Lehre von den Erscheinungen der äußeren Natur) und in die psychische (Phänomenologie des Geistes oder Lehre von den Erscheinungen der inneren Natur) eingeteilt werden." G. J. Manz (Hrsg.), Allgem. Realenzyklopädie, Regensburg 1871, Bd. 10, 485 erläutert „Phänomen" folgendermaßen: „Jede der inneren oder äußeren Wahrnehmung sich darbietende Erscheinung, inwiefern ihre Auffassung von dem Gedanken begleitet ist, daß das wahre Wesen des Aufgefaßten (Ding an sich) von der Art, wie es in die Erscheinung tritt, verschieden sein kann..." Die Unterscheidung zwischen Natur- und Geisteswissenschaften verdankt sich jener groben Differenzierung zwischen Natur und Geist. Dieser Befund liegt für Dilthey vor; er beruft sich ausdrücklich darauf (I, 5).

[8] Auf solche Fragen konzentriert sich der Brentano-Schüler Oskar Kraus oft zu intensiv (auch in seinen Einleitungen und Anmerkungen zu Werkausgaben Brentanos, wo er freilich nicht auf Dilthey eingeht). Fruchtbar ist aber gleichwohl der Beitrag von Oskar Kraus, Geisteswissenschaft und Psychologie. Methodologisch-kritische Betrachtungen, in: Euphorion. Zs. f. Literaturgeschichte 28 (1927) 497–519. Eine frühe und interessante Rezension zu Diltheys ‚Einleitung' aus der Brentano-Schule – ohne Nennung Brentanos – stammt von dem jungen Franz Hillebrand, Über einen Versuch zur Grundlegung der Geisteswissenschaften, in: Zs. f. das Privat- und Öffentl. Recht der Gegenwart 11 (1884) 632–641. Vergleiche zwischen Dilthey und Brentano finden sich auch bei Lucie Gilson, La psychologie descriptive selon Franz Brentano, Paris 1955, 197–203.

Entwicklung der verschiedensten Einzelwissenschaften seit dem 18. Jahrhundert, die in der Bearbeitung der verschiedensten – naturhaften, kulturellen, sozialen und literarischen – Tatsachen eine erhebliche Kundigkeit verbreiten und sich dabei wenig um die Einordnung in ontologisch sanktionierte Systeme der Wissenschaftsgliederung kümmern, zum universalen Signum der neuen Zeit. Zu dieser Entwicklung gehört auch, daß elaboriertere und differenziertere Kultur- und Sozialpraktiken, Verkehrsformen und Lebensformen sowie Kommunikationsweisen, auch vor und außerhalb wissenschaftlicher Disziplinierung, sich mehr und mehr profilieren und verbreiten und die Gesellschaft durchgehend erfassen (vgl. V, 44ff.). Das Interesse an den praktischen Problemen der kulturellen und gesellschaftlichen Welt haben Dilthey und Brentano gemeinsam.[9] Gemäß ihrer Einstellung, von konkreten Erscheinungen auszugehen, erforschen sie die tatsächliche Entwicklung der führenden Orientierungssysteme, also hauptsächlich der Einzelwissenschaften, in ihrem Zusammenhang; d. h., sie betreiben beide Wissenschaftsgeschichte.[10] Was aber bei beiden Autoren zunächst eher

---

[9] Dilthey beklagt 1875 den unvollkommenen Gesamtzustand der moralisch-politischen Wissenschaften im Vergleich mit der Entwicklung der Naturwissenschaften (V, 32) wie Brentano 1893 in seinem Vortrag ‚Über die Zukunft der Philosophie' (a. a. O. 28, 29ff., 35, 48). Vgl. ebd. 100 (aus der Antrittsvorlesung von 1874). Freilich warnt auch Brentano vor kurzatmiger praktischer Interessiertheit, die ihm als ein Niedergangssymptom für die Wissenschaften erscheint; vgl. Franz Brentano, Die vier Phasen der Philosophie (1895), a. a. O. 10.

[10] Für Dilthey ist das unfraglich. Für Brentano vgl. ‚Die vier Phasen der Philosophie und ihr augenblicklicher Stand' (1895), a. a. O. Zur „Geschichte der Wissenschaften" vgl. den Comte-Aufsatz (1869), in: Die vier Phasen ..., a. a. O. 105f. Wissenschaftsgeschichtliche Überlegungen werden auch in Brentanos ‚Psychologie vom empirischen Standpunkt' (1874) vorgestellt; I. und II. Bd., hrsg. von Oskar Kraus, Leipzig 1924/1925, Hamburg ²1955/1959, der III. Bd. (Vom sinnlichen und

modernistisch aussieht, d. h., daß sie sich in einem besonderen Maße auf die historisch modernste und neueste Disziplin, nämlich die Psychologie werfen – so als sei die letzte einzelwissenschaftliche Entwicklung auch die tragfähigste für alle anderen Orientierungsprobleme –, erweist sich dann doch als ein systematischer Versuch. Dilthey und Brentano spüren als Beobachter von Erscheinungen die Beweislast, in den Erscheinungen selbst einen erkenntnisbegründenden, methodensichernden Halt zu finden. Mit der ‚deskriptiven Psychologie'[11] glauben sie einen Erscheinungsbegriff gefunden zu haben, der Erscheinungen überhaupt in ihrer Tragfähigkeit verständlich machen könnte. Es ist Husserl, der diesen Zusammenhang zwischen Dilthey und Brentano schon 1913 erkennt und das Gemeinsame der beiden Autoren in seinem Projekt einer Phänomenologie als „philosophische Grundwissenschaft" konvergieren sieht (Hua IV, 312ff.).

In der Thematisierung einer deskriptiven Psychologie als einer mit bestimmten Erscheinungen befaßten Einzelwissenschaft einerseits und als Grundlegungsdisziplin andererseits wird das Problem des Verhältnisses von context of discovery und context of justification[12] in besonderer Konzentration faßbar. Freilich erweist sich nun auch die

noetischen Bewußtsein, 1928) Hamburg ²1968. Vgl. z. B. Bd. I, 33ff. Dilthey und Brentano beziehen sich in ihren wissenschaftsgeschichtlichen Überlegungen beide auf Comte, den sie freilich verbessern wollen (vgl. Dilthey V, 50ff.).

[11] Vgl. Dilthey IX, 48, 55, 56, 95, 343; vgl. I, 33. Für Brentano neuerdings Franz Brentano, Deskriptive Psychologie. Aus dem Nachlaß hrsg. und eingel. von Roderick M. Chisholm und Wilhelm Baumgartner, Hamburg 1982.

[12] Diese Unterscheidung geht zurück auf Hans Reichenbach, Experience and Prediction. An Analysis of the Foundation of the Structure of Knowledge, Chicago 1938, 3ff. Dazu Hans Albert, Traktat über kritische Vernunft, Tübingen 1968, ²1969, 38.

vollkommene Trennung beider Bereiche und der damit verbundenen Aufgaben als unmöglich. Ohne die systematische Differenz zu verkennen – es kann jeweils die eine Aufgabe nur im Hinblick auf die jeweils andere Aufgabe bewältigt werden. Dabei wird bei zunehmender wissenschaftlicher Arbeitsteilung das Problem der Koordination immer schwieriger. Genau das ist es, was zu dem Eindruck einer schwankenden Bestimmung der Philosophie führt, die sich in arbeitsteilige Einzelwissenschaften zu verflüchtigen droht und sich nur noch als eine Einstellung der im Grunde doch einzelwissenschaftlich arbeitenden, d. h. von bestimmten Erscheinungen ausgehenden Forscher kundzutun scheint. Eben dies ist eine Schwierigkeit, die bei Dilthey und Brentano gleichermaßen spürbar ist, gerade weil beide die Aktualität der Philosophie, sozusagen die Zentrierung der vielfältigen menschlichen Orientierung in einer lebendigen Gegenwart anstreben.

Das Verhältnis von Philosophie und Einzelwissenschaften ist für Dilthey und Brentano ein Problem der Wissenschaftsforschung, der Wissenschaftstheorie und der Erkenntnistheorie, und dies immer auch im Rahmen der Wissenschaftsgeschichte. Es handelt sich genauer um die bewußte und praktisch ausgerichtete Thematisierung dessen, was Orientierung als Selbst- und Weltorientierung ist – und zwar immer schon im Verhältnis zu jeweils vollzogenen und methodisch oder gehaltlich bestimmten, d. h. konkreteren Orientierungen, die vorliegen oder Epoche machen. Das Thema Einzelwissenschaft erweist sich dabei nur als ein prominenter Fall des Typs konkreter Orientierung. Die Frage nach Selbst- und Weltverständnis als einer Grundfrage artikuliert Dilthey in seiner Akademieabhandlung von 1890 (Beiträge zur Lösung der Frage zum Ursprung unseres Glaubens an die Realität der Außenwelt) ausdrücklich (V, 124). In diesen Rahmen ist auch das Thema ‚Geschichtlichkeit und Aktualität der Philosophie' einzuspannen.

Dilthey und Brentano stehen hier beide gleichermaßen unter zwei gegensätzlich erscheinenden Anforderungen. Sie realisieren die aktuelle und lebendige Anspannung der Selbst- und Weltorientierung, d. h. „das wachsende Bedürfnis nach Philosophie".[13] Die Philosophie erstrebt das Bewußtsein der Einheit eines Zusammenhanges geistiger Manifestationen auf dem Wege der Selbstbesinnung (Dilthey VIII, 176, Zur Weltanschauungslehre). Gleichzeitig aber finden sich Dilthey und Brentano umstellt sowohl von objektiven Gestalten spezieller Orientierungen als auch von neu auftretenden bestimmten Orientierungsgestalten, an deren Entwicklung sie sogar aktiven Anteil nehmen.[14]

Die Philosophie scheint mehr und mehr Orientierungsaufgaben an die Einzelwissenschaften abzugeben, oder diese Aufgaben scheinen ihr abgenommen zu werden. Damit wird sie in einem doppelten Sinne geschichtlich: einmal als bloßes Museum ehemaliger Orientierungen, die nun von neuen einzelwissenschaftlichen Orientierungen überholt scheinen, zum anderen aber auch als Produzent neuer Einzelwissenschaften, die sich von ihr loslösen und Epoche machen, um damit wiederum die Überholtheit

[13] Franz Brentano, Über die Gründe der Entmutigung auf philosophischem Gebiete (Wiener Antrittsvorlesung 1874), in: Über die Zukunft..., a. a. O. 99. Dilthey faßt das als die Aufgabe der Erarbeitung einer Weltanschauung in der jeweiligen Gegenwart als nach Allgemeingültigkeit strebender ‚Generalisation' (VIII, 203 ff.; VII, 169). Generalisation wird dabei sowohl als erscheinende Tatsache beschrieben wie auch als Norm empfohlen.

[14] Dilthey zeigt dies in seiner immensen Rezensionstätigkeit auf den verschiedensten Gebieten (vgl. Dilthey XV, XVI, XVII).

und Lebendigkeit der Philosophie gleichermaßen zu zeigen (die Entwicklung der Psychologie im 19. Jahrhundert ist selbst ein Beispiel dafür). Aber auch die Einzelwissenschaften selbst werden historisch. Dilthey und Brentano erfahren eine ungeahnte Bestätigung des Hegelschen Satzes: „Aber die Wissenschaft darin, daß sie auftritt, ist sie selbst eine Erscheinung."[15] Damit hat sich ein Wandel des Erfahrungsbegriffs ergeben und gleichzeitig seine Akzentuierung. Waren Wissenschaften und Philosophie bisher Mittel der Erfahrung, Deutung der Erfahrung und Kritik der Erfahrung, so sind sie jetzt auch selbst Erfahrungsbestände eigenen Typs. Dieser neuen Erfahrung versuchen Dilthey und Brentano Rechnung zu tragen, um in ihr die Aktualität, die lebendige Gegenwart der Orientierung, neu zu gewährleisten: Wie kann der Mensch in einer Situation, in der Orientierungen selbst zu bloßen Fakten werden – z. B. als Naturwissenschaften und als Geisteswissenschaften – und sich damit also gleichsam verdinglichen, seine geistige Souveränität erhalten und gleichzeitig seine Bedingtheit respektieren, ja vielleicht diese Bedingtheit sogar für weitere und künftige lebendige Orientierung fruchtbar machen?

Das Beachtliche an Diltheys und Brentanos Lösungsversuchen ist, daß sie der Situation, in der sie sich befinden, tatsächlich entsprechen wollen. Das heißt, sie nehmen die Wissenschaftskultur, wie sie sich entwickelt hat, auf und behandeln dementsprechend die Fragen der Naturwissenschaften und der Geisteswissenschaften, der Erfahrung und der Geschichte. Damit bestätigen sie zunächst die Entwicklung, der sie unterliegen, indem sie das Problem in der Gestalt der zu ihrer Zeit ausgereiften Orientierungs-

[15] G. W. F. Hegel, Phänomenologie des Geistes, 1807, Einleitung, 4. Abschnitt.

begriffe aufnehmen und an sie und ihre jeweils bestimmte, zeitgemäße Definition gebunden scheinen. Klärung und Verständlichmachung des Vorliegenden gehen hier Hand in Hand mit möglicherweise neuen, aber auch falschen Alternativen. So ist es ein Beitrag zur Klärung, daß der Erfahrungsbegriff erweitert wird auf den Bestand der Wissenschaften selbst und daß die Wissenschaften ihrerseits Gegenstand der Erfahrung werden. Es fördert das Verständnis, wenn erkannt wird, daß die Wissenschaften in ihrem geschichtlichen Zusammenhang verstanden werden müssen. Dies letztere gilt aber nicht bloß für die sogenannten historischen und Geisteswissenschaften. Gegenstand historischer Forschung müßten auch die Naturwissenschaften sein. Und diese historische Forschung ist auch eine Art Erfahrungswissenschaft. Die so skizzierten Klärungs- und Verständigungsperspektiven sind bei Dilthey und Brentano in abstracto gegeben. Sie scheinen aber in concreto durch spezielle, zeitgemäße Gebundenheiten konterkariert zu werden. Dies ist vor allem dann der Fall, wenn der Erfahrungsbegriff überwiegend den Naturwissenschaften zugeordnet wird, die Geisteswissenschaften demgegenüber aber auf das Historische festgelegt zu werden scheinen. Dilthey und Brentano scheinen zunächst genau für diese Alternative stehen zu dürfen. Brentano gilt dann als der Protagonist der Naturwissenschaften, Dilthey als derjenige der Geisteswissenschaften; der erstere bemüht die Erfahrung, der letztere die Geschichte. Allerdings haben sie dann beide gemeinsam, daß sie diese beiden Spezialaufgaben durch das besondere und vergleichbare Projekt einer sogenannten deskriptiven Psychologie überhöhen oder vertiefen, die bei Dilthey als solche weder bloß geschichtlich noch bei Brentano als solche bloß naturwissenschaftlich empirisch ist. Diese Darstellung geht freilich im Hinblick auf die Texte beider Autoren nicht auf. Brentano ist ja nicht der Begründer der Methode der einzelnen Naturwissenschaften; als solcher käme er zu spät. Er appelliert lediglich an bestimmte Methodenideale, indem er in seiner vierten Habilitationsthese von 1866 als Grundlage seiner Philosophie- und Wissenschaftsauffassung proklamiert und durchhält: vera philosophiae methodus nulla alia nisi scientiae naturalis est.[16] Von Dilthey kann allerdings gesagt werden, daß er so etwas wie die methodische Begründung eines neuen Zweiges von Wissenschaften, nämlich der Geisteswissenschaften, vorlegt. Brentano nennt ihn im Hinblick darauf – nicht ganz unmißverständlich – den „Philosophen der historischen Schule".[17]

Man hat dies bei Dilthey besonders unter die von ihm selbst formulierte Floskel ‚Kritik der historischen Vernunft' gestellt im Sinne einer philosophischen Grundlegung der Geisteswissenschaften.[18] Das Programm einer

---

[16] Vgl. Brentano, Über die Zukunft..., a. a. O. 136f. und die spätere Unterstreichung ebd. 29ff. In dem Vortrag ‚Über die Zukunft...' betont er, daß das naturwissenschaftliche Verfahren „keineswegs" verlange, „daß wir überall gleichmäßig und so, wie in den einfachsten Fällen der Mechanik, vorgehen sollen. Im Gegenteil, sie unterweist uns und übt uns darauf ein, der besonderen Natur der Gegenstände entsprechend", zu verfahren (ebd. 35). Ähnlich sagt Dilthey: „Die Aufgabe selber muß sich die Methoden schaffen." (V, 44)

[17] Vgl. Brentano, Über die Zukunft..., a. a. O. 9. Das ist die einzige mir bekannte Stelle, wo Brentano sich ausdrücklich auf Dilthey bezieht. Sein Wiener Vortrag richtet sich gegen des Juristen Adolf Exner Wiener Rektoratsrede ‚Über politische Bildung' (Wien 1891, Selbstverlag des Verfassers). Exner hatte sich scharf gegen die Auswüchse naturwissenschaftlicher Methoden auf dem Gebiete der Geisteswissenschaften gewandt und der politischen Bildung eine zentrale kulturelle Bedeutung zugewiesen; Dilthey hat er freilich gar nicht erwähnt.

[18] Von einer „neuen Kritik der Vernunft" spricht Dilthey schon in einer Tagebuchaufzeichnung vom 26. März 1859; vgl. Clara Misch (Hrsg.), Der junge Dilthey (1933), Stuttgart/Göttingen [2]1960, 80. Die ‚Einleitung in die Geisteswissenschaften' von 1883 spricht in der Widmung an Yorck

Kritik der historischen Vernunft ist freilich vieldeutig. Einmal kann es im Sinne der Ergänzung des in einer gewissen Weise verstandenen Kantischen Programms einer Kritik der reinen Vernunft angesehen werden. So wie die Kritik der reinen Vernunft angeblich die methodologischen Grundlagen der Naturwissenschaften erarbeitet hat, so hätte dann Dilthey mit seiner Kritik der historischen Vernunft die methodologischen Grundlagen der Geisteswissenschaften präsentiert und damit ein angebliches Versäumnis Kants nachgeholt. Ein anderer Sinn einer Kritik der historischen Vernunft besagt, daß eine Vernunftkritik, sprich: menschliche Orientierungskritik, nicht zureichend ist, wenn sie bei der Herausarbeitung formaler Strukturen die konkreten historischen Bedingtheiten der menschlichen Orientierung überspielt. Aber hier ergibt sich eine weitere Ambiguität. Zwar werden die Bedingtheiten bei Dilthey zunächst vornehmlich unter dem Namen des Geschichtlichen geführt; es handelt sich aber durchaus nicht immer im engeren Sinne um geschichtliche Faktoren. Was hier mit geschichtlich gemeint ist, könnte auch mit Tatsächlichkeit umschrieben werden. Brentano kritisiert insofern zu Recht, daß die Geisteswissenschaften nicht in jeder Beziehung historisch sein müssen, wie er umgekehrt in den Naturwissenschaften durchaus Beispiele für eine konstituierende Einwirkung des Geschichtlichen sieht.[19] Geschichtlichkeit, die Dilthey freilich viel adäquater und gehaltvoller erfaßt als Brentano, kann so gerade bei Dilthey auch als eine Chiffre für Tat-

---

v. Wartenburg von einer „Kritik der historischen Vernunft". Von einer „endlichen Vernunft" spricht Peter Krausser, Kritik der endlichen Vernunft. Diltheys Revolution der allgemeinen Wissenschafts- und Handlungstheorie, Frankfurt a. M. 1968.

[19] Brentano, Über die Zukunft..., a. a. O. 36, 74ff.

sächlichkeit, Erfahrbarkeit verstanden werden. Das wird dadurch bestätigt, daß Diltheys Verfahren der Geisteswissenschaften durchaus nicht bloß historisch ist, sondern eben auch psychologisch, aber zudem hermeneutisch, schließlich selbst ökonomisch.[20]

In ähnlicher Weise hat auch das naturwissenschaftlich erfahrungsmäßige Ideal Brentanos eine Art Chiffrencharakter. Es ist gar nicht die Festlegung auf eine ganz spezielle, etwa mechanische Naturwissenschaft, sondern das Plädoyer für ein Verfahren nach der Erfahrung, d. h. nach Beobachtung am Gegenstand, an der Tatsache. Zu dieser Erfahrung können dann auch bei Brentano historische Erfahrungen gehören. Im Anhang zu seiner Abhandlung ‚Über die Zukunft der Philosophie' weist denn auch Brentano ausdrücklich in fünf Punkten auf die „Auswüchse" hin, „zu denen die öffentliche Meinung zugunsten naturwissenschaftlicher Methoden auf dem Geistesgebiete Anlaß gibt".[21] In diesem Anhang wird bei Brentano sogar so etwas wie historischer Sinn (oder gar hermeneutischer?) sichtbar, wenn er dem „lehrmäßigen Wissen" den not-

---

[20] Dilthey V, 31 ff. passim; VIII, 193. Vgl. auch die Rezension von Marxens Kapital 1 (XVII, 186 f. aus 1878). Als eine philosophische oder „praktische Geistesdisziplin" wird die Nationalökonomie in der Brentano-Schule angesehen. Vgl. Anton Marty, Was ist Philosophie? (Prager Rektoratsrede 1896), in: Gesammelte Schriften, hrsg. von Josef Eisenmeier, Alfred Kastil und Oskar Kraus, I. Bd., 1. Abtlg., Halle 1916, 71–93, hier 86 f. Vgl. auch Brentano, Psychologie vom empirischen Standpunkt, Bd. I, a. a. O. 35 f.

[21] Brentano, Über die Zukunft... (Anhang), a. a. O. 75. S. 76 kritisiert Brentano auch die Vermengung des Normbegriffs „auf geisteswissenschaftlichem Gebiet" mit dem in der Geometrie, der Mechanik, der Elektrizitätslehre und Chemie. Es handele sich um den Unterschied von „Soll" und „Muß". Die naturwissenschaftliche Methode erzwinge diese Verwechslung nicht.

wendigen „wissenschaftlichen und künstlerischen Takt“ gegenüberstellt (ebd. 79).[22]

„Es wäre eine grundverkehrte Meinung, wenn man aller Geisteswissenschaft oder auch nur aller praktischen Geisteswissenschaft und ihren Regeln den Wert absprechen wollte. Gewiß kann und sollte es eine Ethik, gewiß kann und soll es eine Logik und insbesondere eine Logik der Forschung geben. Aber dennoch werden ihre Regeln immer viel zu wünschen übrig lassen, was der Takt ersetzen muß. Und wenn solches auf praktischem, wie sollte es dann nicht ähnlich auf theoretischem Gebiet gelten? Es lerne einer der Psychologie so viel er wolle, er wird dadurch nimmer ein Menschenkenner werden...“ (Ebd. 80)

Beispiele dafür, daß Dilthey seinerseits ebenso unbefangen und positiv die naturwissenschaftlichen Einzelwissenschaften zu würdigen vermag, lassen sich unschwer finden. Sowohl Diltheys Pädagogik (IX) als auch sein ‚System der Ethik‘ (X) enthalten eine Vielzahl positiver Anleihen bei den Naturwissenschaften, die wie selbstverständlich in das geisteswissenschaftliche Thema eingearbeitet werden. Es handelt sich vor allem um Physiologie, die Dilthey intensiv in Basel bei Hiß studiert hatte, und um Biologie.[23]

---

[22] Ästhetische Fragen hat Brentano durchaus behandelt. Vgl. seine beiden publizierten Vorträge ‚Das Schlechte als Gegenstand dichterischer Darstellung‘ (Leipzig 1892), ‚Das Genie‘ (Leipzig 1892). In einem Nachlaßfragment in der Bayerischen Staatsbibliothek (E L 55) weist Brentano auf ein „höchst beifälliges Schreiben“ Diltheys an ihn zu dem ersten Aufsatz hin. Brentano will damit das Gerücht entkräften, Dilthey habe ihn einen Scholastiker genannt, was er ja tatsächlich tat (VII, 237).

[23] Auf diesen Zusammenhang haben besonders hingewiesen Peter Krausser, Kritik der endlichen Vernunft, 1968 (s. o.) sowie Ulrich Herrmann, Die Pädagogik Wilhelm Diltheys. Ihr wissenschaftstheoretischer Ansatz in Diltheys Theorie der Geisteswissenschaften, Göttingen 1971.

Es ist gelegentlich darauf hingewiesen worden, daß die Festlegung Diltheys lediglich auf die Thematik des Historischen zum Zwecke der bloßen Akzentuierung der Geschichtswissenschaften – freilich mit Einschlägen der später sogenannten verstehenden Psychologie und der Hermeneutik – in Schwierigkeiten führt. Odo Marquard möchte Dilthey eher auf die Anthropologie festlegen im Sinne einer ‚Wende zur Natur', die freilich keine Wende zur Naturwissenschaft ist, sondern als eine Wende zur Lebenswelt verstanden wird, die aber ausdrücklich einer geschichtsphilosophischen Alternative gegenübergestellt wird.[24] Daß Dilthey die Anthropologie als Brücke zwischen Geistes- und Naturwissenschaften verstehe, belegt U. Herrmann durch den Hinweis auf Diltheys Waitz-Rezension.[25] Gadamer, der Dilthey zunächst als den Methodologen der historischen Geisteswissenschaften darstellt, weist ebenfalls auf Bezüge zur Naturwissenschaft hin, formuliert aber schließlich das eigentliche Thema Diltheys nicht mehr bloß im Sinne der Geschichtlichkeit, wenn er sagt: „Der Zusammenhang von Leben und Wissen ist also nach Dilthey eine ursprüngliche Gegebenheit."[26]

Ein früher Text Diltheys, der den Terminus Geisteswissenschaften enthält, entstammt einem Brief vom 20. Mai 1867 an Scherer.[27] Dilthey schlägt hier die Gründung einer Vierteljahresschrift vor mit „streng wissenschaftlichen

---

[24] Odo Marquard, Zur Geschichte des philosophischen Begriffs ‚Anthropologie' seit dem Ende des 18. Jahrhunderts, in: Collegium Philosophicum (Ritter-Festschrift), 1965, 209–239; vgl. auch ders., in: Hist. Wb. d. Philos., Bd. I, 1971 (Stichwort: Anthropologie).

[25] U. Herrmann, a. a. O. 309f.

[26] H.-G. Gadamer, Wahrheit und Methode, Tübingen ^{2}1965, 225, 206, 217, 220.

[27] Vgl. Clara Misch, Der junge Dilthey, a. a. O. 240ff.

Untersuchungen". Jeder Beiträger solle „eine Analyse irgendeiner Gruppe geistiger Erscheinungen" behandeln „mit der Absicht, damit einen Beitrag zur Erforschung des allgemeinen Zusammenhangs... zwischen gewissen Bedingungen und den Erscheinungen" zu leisten. Man solle nicht sogleich auf sogenannte psychologische Gesetze reduzieren, sondern möglichst verschiedene Gebiete behandeln, ungesondert durch Fakultätsunterschiede. Diese Arbeit könne nur als Gemeinschaftsarbeit geleistet werden, wie in den Naturwissenschaften.

Gehen wir im Anschluß an Gadamers Feststellung von der ursprünglichen Verbundenheit von Wissen und Leben bei Dilthey aus, so könnte eine Uminterpretation des Begriffs der Geschichte, der Historie, eine heuristische Funktion für uns haben, um den eigentümlichen Begriff von Tatsächlichkeit, der Dilthey und Brentano gleichermaßen bestimmt, besser zu verstehen.

Das geschichtliche Bewußtsein und die historische Forschung waren eine junge Errungenschaft, der Dilthey in seiner Jugend unter dem Einfluß der historischen Schule ausgesetzt war. Die ‚Geschichte' war damit aber auch eigentümlich spezifiziert. Es ist uns noch heute schwer, den genauen Sinn des Begriffs Geschichte festzulegen. Üblich ist die Unterscheidung zwischen Geschichte als Geschichtskunde bis hin zur Geschichtswissenschaft einerseits und Geschichte als Wirklichkeit, Geschehen, res gestae andererseits. Es ist der Unterschied zwischen Faktum und Wissen, wobei das Wissen die unterschiedlichsten Grade haben kann. Bei dem Versuch, den begrifflich bestimmenden Inhalt der Geschichte als Faktum genau festzulegen, geraten wir jedoch wiederum in Schwierigkeiten. Wir behelfen uns mit der allgemeinen Feststellung, daß diese Wirklichkeit, die wir Geschichte nennen, immer irgendwie auf den Menschen bezogen sei. Es scheint dabei ganz und gar eine Sache des jeweils kulturspezifisch akzentuierten common sense zu sein, wie solche geschichtliche Wirklichkeit inhaltlich abgegrenzt wird. Eine Voraussetzung für das Geschichtsbewußtsein des frühen 19. Jahrhunderts und die darauf aufbauende Geschichtswissenschaft war freilich die endgültige Unterscheidung zwischen dem, was man historia naturalis und historia civilis nennt, und die Konzentrierung der Geschichte auf die letztere Form. Es lohnt sich, aus heuristischen Gründen, diesen Unterschied gleichsam probehalber rückgängig zu machen. Es zeigt sich dann, daß auch die Unterscheidung zwischen erzählter, gewußter und schließlich wissenschaftlicher Geschichte (Geschichtsforschung) einerseits und der Geschichte als Faktum andererseits nicht selbstverständlich haltbar ist. Denn auch die Geschichte als das Geschehende selbst, als bloßes Faktum, kann auf ein Minimum an Kunde nicht verzichten. Dieser Umstand kommt bereits in der Formulierung res gestae zum Ausdruck; in ihr ist nämlich das Motiv des Handelns mitgesetzt (gerere), mit welchem eine elementare Form von Wissen im Leben erfaßt ist. Das ursprüngliche griechische Wort historía bedeutet so auch nichts anderes als eine elementare Kunde. Das heißt: mit historía ist das Motiv der Gegebenheit, der positiven Tatsache oder Weltlichkeit erfaßt – noch ganz diesseits der Unterscheidung in Natur und Geschichte im engeren Sinne. Diese Weltlichkeit ist aber immer schon ein Wissen um Welt, wenn auch nicht notwendigerweise und in jedem Falle ein explizites Wissen. Es ist eine ursprüngliche Synthesis, die vor aller ausdrücklichen Kalkulation liegt und sich insofern mit dem späteren Begriff der Urteilskraft verbinden läßt. Mit dieser ursprünglichen Synthesis wird uns die Tatsächlichkeit der Welt vermittelt. Dies geschieht in jeweils konkreten Kontexten und Situationen, bei endlichen Gelegenheiten. Die

Tatsächlichkeit der Welt ist hier zunächst noch indifferent gegenüber Gliederungen in naturhafte, geschichtliche oder geistige Bestimmungen. Es gibt unterschiedliche Typen dieser Synthesis; sie entsprechen unterschiedlichen Typen von Gegebenheit und unterschiedlichen Realisierungen der Weltlichkeit des Menschen. Dies und die Unberechenbarkeit der jeweiligen ursprünglichen Synthesis im vorhinein hat das zur Folge, was ich die Dimensionierung unserer Orientierung nennen möchte – ein Umstand, der bereits in den Floskeln von den Erscheinungskreisen, den Gruppen von Erscheinungen und der Weltstellung (des Menschen) zum Ausdruck kommt. Die Trennung zwischen Mensch und Welt erweist sich als eine bloß abstrakte Unterscheidung. Über die Husserlsche Ausarbeitung des von Brentano übernommenen Begriffs der Intentionalität, der bei Heidegger eine – mit hoher Wahrscheinlichkeit durch dessen Dilthey-Kenntnis inspirierte – Überetzung in den der Weltlichkeit – und Geschichtlichkeit! – findet, scheint mir so ein besseres Verständnis der Diltheyschen und Brentanoschen Position erreichbar zu sein. Das Problem des 19. Jahrhunderts ist dann nicht mehr einfach das Problem der Geschichte, auch nicht das Problem der Naturwissenschaft. Es ist vielmehr das Problem der Tatsächlichkeit, der Weltlichkeit und ihrer nicht mehr universal ausgreifenden Kalkulierbarkeit oder Rationalität – im Sinne einer metaphysischen Ontologie. Wissenschaftsforschung ergibt sich also mit Notwendigkeit aus dem Befund einer Dimensionierung der Orientierung und aus dem Bedürfnis, in der Aktualität einer jeweiligen Gegenwart eine auf die tatsächlichen Umstände bezogene Besinnung durchzuführen.

Dilthey und Brentano haben dieser Lage Rechnung getragen, indem sie das Problem der Gegebenheit mit dem Problem der Erfahrung und der Geschichte verknüpften.

Sie haben die Dimensionierung unserer Orientierung ausdrücklich anerkannt und damit der Bedingtheit unserer Orientierung, d. h. der Bedingtheit der Philosophie, Ausdruck verliehen. Sie haben diese Bedingtheit aber auch erforschbar zu machen versucht. Gleichzeitig halten sie an einem Bezugspunkt für alle mögliche Orientierung fest. Dieser Bezugspunkt ist bei Dilthey das menschliche Erleben, bei Brentano das Bewußtsein, welchen beiden eine eigentümliche Psychologie zugeordnet ist.

Was Diltheys ‚beschreibende und zergliedernde', Brentanos ‚deskriptive Psychologie' betrifft, so sind sie in einer bestimmten Pointe identisch. Der jeweilige Gesamtbegriff der Psychologie ist aber bei beiden Autoren durchaus unterschiedlich. Der Kern der sogenannten deskriptiven Psychologie ist bei Dilthey das evidente – verstehende – Innewerden der psychischen Zustände in ihrem ‚daß'. Dieses Innewerden vollzieht sich in innerer Wahrnehmung, welche der Sache nach auch bei Dilthey – wie ausdrücklich bei Brentano – von der objektivierenden inneren Beobachtung unterschieden wird.[28] Bei Brentano entspricht dem die Auszeichnung der sogenannten psychischen Phänomene (in der evidenten inneren Wahrnehmung ihres ‚daß') gegenüber den bloß physischen Phänomenen, welch letztere nicht mit absoluter Evidenz erfaßt werden, die vielmehr, um sie überhaupt thematisieren zu können, in psychische Phänomene transponiert werden müssen.[29] Die Transpositionsbedürftigkeit und Transpo-

[28] Zu dieser Unterscheidung vgl. Brentano, Psychologie vom empirischen Standpunkt, Bd. I, a. a. O. 40ff. Die Ausführungen Diltheys XIX, 28–31, lesen sich wie ein Kommentar zu Brentano – allerdings in einer anderen Terminologie.

[29] Brentano, Psychologie vom empirischen Standpunkt, Bd. I, a. a. O. 124, 129, 137, 140ff. Von ‚deskriptiver Psychologie' ist hier noch nicht die Rede.

sitionsfähigkeit der physischen Phänomene in psychische entspricht dem Diltheyschen Satz der Phänomenalität und unterstreicht die erkenntnistheoretische Funktion der deskriptiven Psychologie.[30]

Deskriptive Psychologie, die Brentano in seinem Buch ‚Psychologie vom empirischen Standpunkt' entwickelt, ist aber nicht einfach identisch mit seinem Begriff der empirischen Psychologie schlechthin, sondern nur deren Zentrum oder Fluchtpunkt, auf den letztlich alle psychologische Forschung zu beziehen ist. Hierin mag es auch begründet sein, daß Brentano den Terminus der deskriptiven Psychologie, auch den zeitweilig synonym gebrauchten der ‚deskriptiven (!) Phänomenologie' wieder verwirft und sich schließlich für ‚Psychognosie' entscheidet.[31] Die empirische Psychologie Brentanos umfaßt alle jene Psychologien, die geeignet sind, alle Erscheinungen zu berücksichtigen und zu nutzen, welche für das Verständnis psychischen Verhaltens (für die Orientierung des Menschen) und seine mögliche Erklärung relevant sind. Die empirischen Psychologien, soweit sie nicht die zentrale Psychologie der inneren Wahrnehmung meinen, sind bei Brentano weitgehend naturwissenschaftlich, auf jeden Fall immer auch erklärend und hypothetisch. Diese Ansicht hat zur Folge, daß es unter dem, was man im durchschnittlichen Sinne psychische Phänomene nennen möch-

---

[30] „Der oberste Satz der Philosophie ist der Satz der Phänomenalität: nach diesem steht alles, was für mich da ist, unter der allgemeinsten Bedingung, Tatsache meines Bewußtseins zu sein." (Vgl. Diltheys ‚Beiträge...' von 1890, V, 90) Zum richtigen Verständnis dieses Satzes, der weder phänomenalistisch noch idealistisch verkürzt werden darf, vgl. XIX, 9–57.

[31] Vgl. dazu im ganzen die Einleitung von Oskar Kraus zur ‚Psychologie vom empirischen Standpunkt' (Bd. I) sowie O. Kraus, Geisteswissenschaft und Psychologie, a. a. O. 498, wo auch von „Phänomenognosie" gesprochen wird.

te, solche gibt, die eigentlich physische Phänomene sind, neben anderen, die psychische Phänomene im engeren Sinne sind. Es ist der Grundsatz, Erscheinungen zu würdigen, der zu diesen Problemen führt. Zur empirischen Psychologie gehören demgemäß bei Brentano neben der deskriptiven Psychologie, die auf der Methode der inneren Wahrnehmung beruht, auch physiologische, pathologische, ethnologische, biographische und literarisch-ästhetische Forschungsrichtungen.[32] Hier zeigt sich die Aufgabe einer vielfältigen Arbeitsteilung im Zusammenhang mit dem Bedürfnis der Zentrierung der Thematik.[33]

Diltheys Begriff der beschreibenden Psychologie ist demgegenüber – trotz des gemeinsamen Zentrums – breiter als derjenige Brentanos, und die Unterscheidung zur erklärenden Psychologie ist radikaler. Aber er hat dasselbe Problem wie Brentano, nämlich eine Vielfalt unterschiedlicher Erscheinungen zu berücksichtigen und sie gleichzeitig in einem besonderen Erscheinungstyp, dem aus dem Innewerden des Erlebens zugänglichen, zu zentrieren. Seine Strategien und Methoden zur Bewältigung dieser Aufgaben sind von denjenigen Brentanos unterschieden, führen aber zu ähnlichen Schwierigkeiten. Dilthey erweitert zunächst den Begriff der ‚beschreibenden Psychologie' über eine Modifikation des Verstehensbegriffs, um die so verstandene, erweiterte beschreibende (und verstehende) Psychologie mit extremer Schärfe von den erklärenden Wissenschaften zu trennen. Gleichwohl muß er dann auch erklärende Wissenschaften auf das Gebiet der beschrei-

---

[32] Brentano, Psychologie vom empirischen Standpunkt, Bd. I, a. a. O. 39–61.

[33] Zum Problem der wissenschaftlichen Arbeitsteilung und eines zentrierenden Begriffes der Philosophie in diesem Zusammenhang vgl. Anton Marty, Was ist Philosophie? (1896), a. a. O. 78, 81 ff., 87.

benden und verstehenden sozusagen hilfsweise herüberziehen.
Ausgehend vom Innewerden psychischer Zustände operiert die deskriptive Psychologie zunächst mit einem ganz engen Begriff des Verstehens, eben als Selbstverstehen (‚Ideen…', Dilthey V, 144, 172; vgl. XIX, 38, 53). Dieses Verstehen im Innewerden kulminiert in der Einsicht: „Es ist nicht zweierlei: Existenz des psychischen Aktes und Bewußtsein davon…" (Dilthey XIX, 407 Anm. 86) „Das Bewußtsein" (Erleben) ist nicht nur „der Ort, in welchem jede Realität für uns ihre Heimat hat", es ist auch „der Stoff, aus welchem jede Realität gewebt ist" (XIX, 407 Anm. 87). Das entspricht ganz dem Sinn der psychischen Phänomene und ihrer unvermeidlich evidenten Erfassung in der inneren Wahrnehmung gemäß Brentano. Es handelt sich hier nicht nur um Erkenntnistheorie, sondern auch um eine neue Ontologie (über den Weg einer besonderen Beschreibung). Dilthey will aber schon hier sichergestellt wissen, daß das Innewerden als Grundlage einer „befriedigenden Erkenntnistheorie" „vom ganzen, vollen Menschen in seiner Lebendigkeit und Fülle" vollzogen werden muß (XIX, 343). Auszugehen ist immer von dem „reifen und fertigen Typus Mensch" (V, 213). Es geht um Zustände „im entwickelten Seelenleben eines vollkräftigen Menschen" (V, 181; vgl. XIX, 34; VII, 229). Dieser vollentwickelte Mensch ist aber nie nur Innesein. Um diesen Menschen konkret aufzufassen, bedarf es einer Erweiterung des Verstehensbegriffes auf historische Tatsachen, auf die Erfassung fremden Seelenlebens über den Weg des Ausdrucks, auf sozialkulturelle Erscheinungen, die also nun auch beschreibend und verstehend und nicht erklärend aufgefaßt werden. Diesen neuen Verstehensbegriff macht Dilthey in seinem Hermeneutikaufsatz von 1900 ausdrücklich namhaft (V, 318) und revidiert damit den

Verstehensbegriff aus seinen ‚Ideen...‘ von 1894. Der Sache nach hatte er freilich diese Abgrenzung zwischen einer weiten geisteswissenschaftlich beschreibenden Erfassung von Kultur-Erscheinungen (also nicht bloß speziellem psychischem Innewerden) einerseits und naturwissenschaftlichem Erklären sozusagen völlig selbstloser Naturerscheinungen andererseits in seinem Aufsatz von 1875 (‚Über das Studium der Geschichte der Wissenschaften vom Menschen...‘) schon praktiziert (V, z. B. 63f.). Dilthey erarbeitet nun aber unter Zuhilfenahme hermeneutischer Motive – freilich ohne schon damit eine hermeneutische Philosophie zu etablieren – eine Bedeutungslehre, die es ihm erlaubt, auch objektivere Erscheinungen (historische und kulturelle Tatsachen von der Literatur bis hin zur Ökonomie) verstehend und beschreibend zu erfassen. Es geht um die jeweils „umfassendere ideale Einheit von Lebensteilen, die eine Bedeutung für den Lebensverlauf hat“ (VII, 73). Dabei spielt auch die Analyse der Zeitlichkeit eine Rolle (VII, 73, 192ff., 229). Für die logische Fassung des Problems der Bedeutung und der Bedeutungskategorien, die es erlauben, über das bloß spezielle Innewerden des ‚daß‘ von psychischen Zuständlichkeiten objektivierend hinauszukommen, bezieht sich Dilthey auch auf Husserls LU (VII, 10, 13f. Anm.); ja, er nennt hier auch einmal Husserl und Brentano gemeinsam, nämlich für die Erarbeitung jenes Verfahrens, „das durch den Ausdruck hindurchgeht“ (VI, 318). Hier bedient sich Dilthey in einer ganz bestimmten Weise des Brentanoschen und Husserlschen Intentionalitätstheorems. Was ihm freilich an Brentanos Methode fragwürdig scheint, ist das, was er die „psychologische Scholastik“ „der Schule Brentanos“ nennt (VII, 237). Er wendet sich gegen die „Fiktion“ von festen Klassen psychischer Funktionen (XVIII, 234). Das ist kein Angriff auf den Kern der Brentanoschen deskriptiven Psychologie, nicht einmal eine Kritik an Brentanos Versuch als solchem, das Bewußtsein zu klassifizieren, d. h. zu strukturieren. Das versucht ja Dilthey selbst; denn seine beschreibende Psychologie ist immer auch eine zergliedernde. Diltheys methodische Befürchtung ist vielmehr die, daß jede Herausarbeitung einer, in noch so feiner Deskription gewonnenen Bewußtseinsstruktur und ihre Fixierung von dem konkreten lebendigen Menschen, von dem ja auszugehen ist, geschichtlich überholt werden könnte, also Hypostasierung wäre. Hier stoßen Dilthey und Brentano, sozusagen am selben Projekt, auf Grenzen; beider Methoden sind der Zweideutigkeit ausgesetzt. Sie sehen sich vor der Alternative, entweder zu früh und einseitig die Logik des Verfahrens zu fixieren oder sich zu lange in der Unbestimmtheit des Beschreibens und Verstehens von Erscheinungen aufzuhalten.[34]

Dieses Problem wiederholt sich analog in der Abgrenzung und Beziehbarkeit der zu beschreibenden und zu verstehenden Erscheinungen einerseits und der zu erklärenden andererseits – und demgemäß der entsprechenden Wissenschaften. Diltheys Trennung ist hier nicht weniger problematisch als diejenige Brentanos, der die deskriptive Psychologie und die genetische Psychologie scharf unterscheidet.[35] Trotz seines weiten Begriffs einer beschreiben-

---

[34] Bloßes Beschreiben – sei es nun verstehend oder nicht – ohne die Frage nach dem Sinn der Wirklichkeit und den Möglichkeiten seiner Ausweisung ist für Dilthey Phänomenalismus, den er als Skeptizismus kritisiert (vgl. XIX, 40). Ähnlich zu diesem Zusammenhang von Skepsis und Phänomenalismus Brentano, Religion und Philosophie (Nachlaß), a. a. O. 103.

[35] Die genetische Psychologie bei Brentano ist kausalerklärende, weitgehend physiologische Psychologie, die das naturhafte Zustandekommen psychischer Erscheinungen erforscht. Dilthey hat einen weiteren Begriff von genetisch, der zeitliche und geschichtliche Entwicklungen miterfaßt.

den Psychologie und schließlich einer beschreibenden und verstehenden Geisteswissenschaft muß auch Dilthey zum Verständnis geistiger Erscheinungen erklärende Wissenschaften heranziehen. So berücksichtigt er in seiner Ethik (Dilthey X) und in seiner Pädagogik (Dilthey IX) selbst physiologische Forschungsergebnisse, und sogar in der Literaturwissenschaft spielt Quantifizierung eine große Rolle für Dilthey, wie seine Überlegungen zur Archivierung der Literatur zeigen.[36] Die Erweiterung der deskriptiv-psychologischen Möglichkeiten zu hermeneutischen Verfahrensweisen, die das naturwissenschaftliche ‚Erklären' für objektivere geistige Gebilde vermeidbar zu machen scheinen, rettet auch ihn nicht vor der Brentanoschen Schwierigkeit, naturwissenschaftlich orientierte Forschungen an die deskriptiv-psychologischen sozusagen ankleben zu müssen, um der Vielfalt der Phänomene der Menschenwelt Rechnung zu tragen. 1892/1893 will Dilthey sogar die Biologie in seine psychologische Betrachtungsweise einbeziehen: „Seitdem ich aber in der Struktur des Lebens die Grundlage der Psychologie erkannte, mußte ich den psychologischen Standpunkt zu dem biologischen erweitern und vertiefen." (XIX, 345) Natürlich wird Dilthey dies unter einer geisteswissenschaftlichen Perspektive tun wollen, so wie Brentano Entsprechendes unter seiner Perspektive der Psychognosie tun würde.
Wir stehen wieder vor dem generellen Befund: Die Berücksichtigung der Phänomene läßt die Zahl der Einzel-

---

Er kritisiert Brentanos scharfe Trennung. Dazu U. Herrmann, a. a. O. 312. Für Dilthey stehen z. B. Wahrnehmen und Denken in einem genetischen Verhältnis (V, 83f.). Hier sind schon Motive des späteren Husserlschen konstitutiven Genesis-Begriffs zu erkennen.

[36] Vgl. die Kolb-Rezension (XVI, 134–137), die Arbeit ‚Über das Studium...' von 1875 (V, 40f., 37) sowie die Aufsätze über Literaturarchive.

wissenschaften explodieren und macht ihren Zusammenhalt um so problematischer. Was Dilthey und Brentano gemeinsam fehlt, ist eine Theorie, welche die Konstitution von Phänomenen, noch vor der para-ontologischen Gliederung in diese und jene Erscheinungskreise, verständlich machen könnte. Eine solche Konstitutionstheorie – als Phänomenologie – entwickelt Husserl im Ausgang von Brentanos Intentionalitätsbegriff, den er aber bekanntlich entschieden umbilden mußte, und auch unter Aufnahme der Diltheyschen Unterscheidung von Natur- und Geisteswissenschaften.[37] Bleibt eine solche Konstitutionstheorie aus oder ist sie nicht möglich, dann ist philosophische Besinnung entweder auf Kontext gebundene wirkungsgeschichtliche Hermeneutik – Verstehen von Fall zu Fall – reduziert oder an den sogenannten kritischen Rationalismus, der sich auch als kritischer Realismus versteht, verwiesen. Auch hier gibt es nur partielle Klärungen, die ohnehin allfälliger künftiger Falsifikation ausgeliefert sind. In der Tat sind Dilthey und Brentano ja durchaus auch fruchtbare Vorläufer dieser beiden heutigen Wissenschaftsauffassungen – und zwar jeder in beiden Richtungen.

Aber Dilthey und Brentano streben in der Vielfalt der Wissenschaften ein die Probleme zusammenfassendes Prinzip an, das freilich nicht hypostasiert werden, sondern sich an Erscheinungen bewähren soll. Deshalb ist es zunächst die konkrete Gliederung der Wissenschaften

[37] Dazu generell Husserls ‚Ideen' II und III (Hua IV/V). Im Spätwerk Husserls erscheint Geisteswissenschaft oft als der Name für Philosophie schlechthin. Husserls Verwendung des Terminus Geisteswissenschaft bedürfte einer näheren Untersuchung. Vgl. zur „universalen Geisteswissenschaft als Anthropologie" Hua XV, 480f.

selbst, welche teils historisch, teils nach einer Art inneren Logik der Sache dies Prinzipielle zeigen soll.
So verweist Brentano darauf, daß die theoretischen Wissenschaften „eine Art Skala“ bilden: es folgen aufeinander in historischer und sachlicher Entwicklung Mathematik, Physik, Chemie, Physiologie und schließlich Psychologie, in welcher sich die Reihe vollendet. Auch wenn Brentano einräumt, daß selbst eine noch so gute Einteilung der Wissenschaften „etwas Künstliches“ habe, so sieht er hier doch eine Art möglicher Garantie für die „stetig aufsteigende Entwicklung der Kultur“.[38] Diese Gliederung, die sich an Comte anlehnt, vollzieht auch Dilthey – in ausdrücklicher Auseinandersetzung mit Comte – positiv nach (V, 50f.). Aber Dilthey erkennt, daß ein solches Entwicklungssystem bei den moralisch-politischen Wissenschaften nicht berechenbar ist (V, 47ff.). Die geschichtliche Weltstellung des Menschen und die je situativ akkumulierte Stellung zur Wirklichkeit verhindern das. Insbesondere auch die Psychologie, die sich zwar nur nach der Entwicklung bestimmter anderer Wissenschaften mag voll entfalten können, läßt sich jedoch aus diesen Wissenschaften nicht ableiten. Aber auch im Hinblick auf die sogenannten theoretischen und die Naturwissenschaften ist die chronologische Gliederung nicht zwingend, zumal wenn auch diese Wissenschaften in ihrer Eigenschaft als Kulturtatsachen und Kulturleistungen des Menschen betrachtet werden.
Brentano nennt noch eine zweite Gliederungsreihe der Philosophie: Logik, Ethik und Ästhetik. Diese bezeichnet er ausdrücklich als Geisteswissenschaften.[39] Sie gründen

[38] Brentano, Psychologie vom empirischen Standpunkt, Bd. I, a. a. O. 33, 10, 32.
[39] Brentano, Die Zukunft…, a. a. O. 76.

ihrerseits in der Psychologie. Diese Psychologie ist aber bei Brentano, obwohl sie sehr modern eingeführt wird, eigentlich Agent der Metaphysik. Brentano gibt gelegentlich zu verstehen, er habe vor der Öffentlichkeit lediglich deshalb so nachdrücklich von Psychologie gesprochen, weil er – dem Zeitgeist entgegenkommend – damit die Anliegen der metaphysischen Philosophie fördern wollte, um die es allein gehe. Brentano versucht in der Tat, in seiner Erarbeitung subtiler Entwürfe die metaphysische Aufgabe durch ein System ausgeklügelter Disziplinunterscheidungen zu bestimmen und will damit sowohl dem Zugangsproblem als auch der Vielfalt der Wissenschaften Rechnung tragen.[40] Die Philosophie droht sozusagen ihren Namen hinter den Namen vieler Wissenschaften zu verbergen und zu verlieren.

Dilthey setzt an die Stelle solcher ausgeklügelter Disziplingliederungen eine komplexe historische Forschung und reflexive Besinnung. Aber auch bei ihm droht die Philosophie hinter anderen Namen zu verschwinden. Das zeigt sich besonders in der doppeldeutigen Verwendung des Begriffs Geisteswissenschaft. Als Singular, die Geisteswissenschaft, scheint er vornehmlich die philosophische Besinnung zu meinen, die freilich ihrerseits immer an eine bestimmte grundlegende geisteswissenschaftliche Disziplin gebunden scheint (Psychologie, Geschichte, Hermeneutik, generell: Anthropologie). Der Plural, die

[40] Der Hinweis auf die gleichsam taktisch-didaktische Behandlung der Psychologie findet sich in einer Vorlesung (Einleitung in die Metaphysik) von 1874. Dort auch umfängliche Gliederungsversuche, die sowohl Christian Wolff als auch neuen wissenschaftlichen Entwicklungen Rechnung tragen wollen. ‚Phänomenologie' übernimmt hier die Funktion einer Zugangsdisziplin, die der Ontologie vorgeschaltet werden soll (vgl. aus dem Brentano-Nachlaß in der Bayerischen Staatsbibliothek M 14 und 15). Für die Hinweise auf noch unedierte Nachlaßmaterialien habe ich meinem Mitarbeiter, Josef M. Werle, besonders zu danken.

Geisteswissenschaften, bezeichnet demgegenüber die vielfältigen einzelwissenschaftlichen Forschungsfelder geistiger Erscheinungen. Es handelt sich jeweils um eine „Beziehung des so gewissermaßen herauspräparierten Teilinhaltes auf den Organismus der Wirklichkeit“ (I, 49). Diese Geisteswissenschaften sind als solche ganz und gar nicht philosophisch, aber ohne ihre Berücksichtigung bleibt das Geschäft der philosophischen Besinnung zu abstrakt, wie umgekehrt ohne Besinnung die jeweils einzelne Geisteswissenschaft ihre Orientierungsaktivität verlieren kann.

Auch die Relativität des Unterschiedes zwischen Natur und Geist, Naturwissenschaften und Geisteswissenschaften wird deutlich, wenn man berücksichtigt, daß das Thema der Geisteswissenschaften nie reiner Geist, sondern im Zusammenhang von Natur erscheinender, immer schon applizierter Geist ist. Das rückt Dilthey und Brentano wiederum nahe zusammen.[41]

---

[41] Die tatsächlichen Beziehungen zwischen Dilthey und Brentano sind relativ spärlich (gerade das macht den Vergleich interessant). Dilthey war in Breslau mit dem Bruder Brentanos, Lujo Brentano, der dort Nationalökonomie lehrte, befreundet. Vgl. Lujo Brentano, Mein Leben im Kampf um die soziale Entwicklung Deutschlands, Jena 1931, 86. Brentano besuchte 1882 Dilthey gelegentlich eines Urlaubs in Italien (gemeinsam mit Lujo Brentano). Vgl. Briefwechsel zwischen Wilhelm Dilthey und dem Grafen Paul Yorck v. Wartenburg, Halle 1923, 26. Dilthey äußert sich brieflich auch zu dem Streit zwischen Zeller und Brentano und kritisiert dabei den ersteren (1883, a. a. O. 32). Diltheys Aufsatz ‚Über das Studium der Wissenschaften vom Menschen...‘ von 1875 erscheint im selben Band der Philosophischen Monatshefte (Bd. XI) wie Brentanos Bemerkungen zu Horowicz, der die Psychologie vom empirischen Standpunkt besprochen hatte. Insbesondere in Bd. XIX der Diltheyschen Schriften wird deutlich, daß Dilthey die Psychologie vom empirischen Standpunkt gründlich studiert hat. Gleichwohl wird Brentano vergleichsweise selten in Diltheys Werken zitiert (I–IV enthält keine Belege, V und VI je einen, VII zwei, mehrere Belege finden sich in VIII und XIX).

Auch Diltheys Metaphysikkritik ist nicht etwa eine Ablehnung einer prima philosophia schlechthin; lediglich die Erscheinungen konkreter metaphysischer Systeme in der menschlichen Orientierungsgeschichte werden relativiert, aber auch gelegentlich mit Pathos gewürdigt: „So bleibt von der ungeheuren Arbeit des metaphysischen Geistes das geschichtliche Bewußtsein zurück, das sie (die Philosophie) in sich wiederholt und so die unergründliche Tiefe der Welt an ihr (an der Arbeit des Geistes) erfährt. Nicht die Relativität jeder Weltanschauung ist das letzte Wort des Geistes, der sie alle durchlaufen hat, sondern die Souveränität des Geistes gegenüber einer jeden einzelnen von ihnen und zugleich das positive Bewußtsein davon, wie in den verschiedenen Verhaltungsweisen des Geistes die eine Realität der Welt für uns da ist." (V, 406)

Leben aus Erlebnissen. Dilthey und Mach

Von Manfred Sommer, Münster

Durch nicht mehr als eine Konjunktion getrennt, wirken die Namen Dilthey und Mach wie Reizwörter: Konditioniert, wie wir sind, stellt sich der Reflex ein: Hermeneutik und Positivismus. Positivismus ist nun seinerseits eine stimulierende Vokabel, eine Art Klingelzeichen. Wir wissen: Positivismus ist der Inbegriff dessen, wovon es sich zu emanzipieren gilt. Aus ‚Dilthey und Mach' wird dann nicht ‚Hermeneutik *und* Positivismus', sondern ‚Hermeneutik *statt* Positivismus'. Ich skizziere diese Ausgangslage, weil es mir in meinen Überlegungen – wenigstens in der intentio obliqua – um einen Beitrag zur Rehabilitation des Positivismus geht. Und sofern Hermeneutik immer auch heißt, die Texte eines Autors genau und unbefangen zu verstehen, versuche ich diese kleine Rehabilitation des Positivismus mit den Mitteln der Hermeneutik zu betreiben. Dies bringt es mit sich, daß im folgenden die Proportionen ein Stück zugunsten von Ernst Mach verschoben sind, wofür aber ein Referent, der am Ende des dritten Dilthey-Tages nochmals über Dilthey spricht,[1] auf Verständnis hoffen darf.

Ich teile meine Erwägung in drei Abschnitte ein. Zuerst wende ich mich den Schwierigkeiten zu, in die man gerät, wenn man Diltheys Theorie autobiographischer Selbstbesinnung als eine Art formales Gerüst betrachtet und dieses

[1] Vortrag auf der Dilthey-Tagung der Deutschen Gesellschaft für phänomenologische Forschung, Trier 6.–9. April 1983.

dem Verständnis der Autobiographie Machs zugrunde legt. Im zweiten Teil stelle ich dar, wie sich Mach das Verhältnis von Leben und Erlebnissen, besonders Erinnerungen, denkt. Und schließlich zeige ich noch, wie Husserl gerade dadurch auf Dilthey gewirkt hat, daß er gegen Machs Empfindungsmonismus das Konzept der objektivierenden Auffassung von Empfindungen ausarbeitet. Husserl dient mir dabei als missing link zwischen dem hermeneutischen Lebensphilosophen und dem positivistischen Physiker, die, obgleich Zeitgenossen, keine unmittelbare Beziehung zueinander hatten.

I.

Dilthey nennt die Autobiographie „die höchste und am meisten instruktive Form, in welcher uns das Verstehen entgegentritt" (VII, 199). Was ist der Grund dafür, daß die Autobiographie diesen Rang eines Musters einnimmt? Was macht sie zum exemplarischen Fall des Verstehens? Sie verdankt diese prominente Stellung einer für sie konstitutiven einzigartigen Beziehung zwischen den beiden Sphären, mit denen Dilthey zumeist arbeitet, nämlich zwischen einem Außen und einem Innen. Äußerlich ist der Lebensverlauf selbst, also die Kette von sichtbaren Ereignissen und beobachtbaren Vorgängen, die mit der Existenz eines bestimmten Individuums verbunden sind. Innerlich ist dagegen jener seelische Zusammenhang, auf den wir durch die Operation, die Verstehen heißt, jenes Äußere zurückführen. Sofern nun jenes Außen und dieses Innen das Innen und Außen eines identischen Subjekts sind, kommt dem Verstehen hier jene Unmittelbarkeit zu, für die Dilthey den Begriff „Intimität" verwendet. „Selbstbesinnung" avanciert damit zum Grenzwert gelungenen Verstehens; alles auf ein fremdes Innen gerichtete Verstehen bleibt dagegen defizient. Die Selbstbesinnung ist nun ihrerseits etwas Inneres – Erinnerung –, das eine spezifische Form des äußeren Ausdrucks gewinnen kann, eben die Autobiographie. Dilthey definiert also: „Die Selbstbiographie ist nur die zu schriftstellerischem Ausdruck gebrachte Selbstbesinnung des Menschen über seinen Lebensverlauf." (VII, 200)

Von Ernst Mach gibt es keine philosophische Theorie über die innere Verfassung der literarischen Präsentation der Ergebnisse der Selbstbesinnung; aber dafür gibt es von ihm eine Autobiographie, ja sogar zwei, deren Verhältnis zueinander für das Verständnis von Leben und Erlebnis aufschlußreich ist. 1913 hat Wilhelm Ostwald den Plan gefaßt, eine Reihe von Selbstdarstellungen zeitgenössischer Persönlichkeiten aus Wissenschaft und Technik herauszugeben. Der Gesamttitel sollte lauten „Förderer der Menschheit", und Ernst Mach war eingeladen, mit seiner Autobiographie die Reihe zu eröffnen. Aus dem Briefwechsel zwischen Mach und Ostwald läßt sich leicht ersehen, daß Mach Ja sagt, aber Nein meint. Durch die Einladung Ostwalds geehrt und aus Scheu, den, der ihn ehrt, zu verletzen, sagt Mach zu; zögernd, ja widerwillig verfaßt er ein dürftiges Manuskript, so dürftig, daß Ostwald sich gezwungen sieht, es für nicht druckfähig zu erklären. Mit kaum zurückgehaltener Freude antwortet Mach, daß er Ostwalds Bedenken teilt und die daraus folgende Einschätzung für zutreffend hält. So kommt es, daß diese „autobiographische Skizze" bis heute im Wilhelm-Ostwald-Archiv der Deutschen Akademie der Wissenschaften schlummert.[2]

---

[2] Mitteilungen über Entstehungsgeschichte und Inhalt dieser autobio-

Wenn man sich angesichts dieses Tatbestandes Diltheys teleologische Theorie der Selbstbesinnung vergegenwärtigt, so wird deutlich: diese Theorie macht zwar einsichtig, warum jemand eine Autobiographie schreibt; sie macht uns aber nicht verständlich, warum jemand zögert, sich weigert, davor zurückschreckt, seine Erinnerung in literarische Form zu gießen. Wie ist Widerstand gegen jenen immanenten Zug des Lebens möglich, den Dilthey als „Tendenz" bezeichnet?

Die im Briefwechsel mit Ostwald erkennbare Figur eines zurückgenommenen Ja finden wir bei Mach auch dort wieder, wo er dieser Tendenz nachgibt. Im Nachgeben leistet er Widerstand, mit der Tendenz arbeitet er gegen sie. „Mehr als die wenigen Blätter", so Mach an Ostwald, „mit der Erzählung einiger unscheinbarer, aber für mich entscheidender intellektueller Erlebnisse konnte ich nicht schreiben, wenn ich die Sache nicht aufbauschen wollte." Nun, alles, was in diesen Blättern an Erlebnissen erzählt wird, findet sich in anderer Form – und auf diese andere Form kommt es an – bereits an verschiedenen Stellen in den Werken Machs wieder. Die eigentliche Autobiographie, die Mach bereits veröffentlicht hatte, ist kein zusammenhängender, sondern ein zerbrochener Text, nicht in sich abgeschlossen, sondern mit anderen Texten verzahnt, auf andere Texte verteilt, in sie eingeschlossen und an sie angehängt. Diese Autobiographie steht zerstreut in Fußnoten unter Texten, als Einsprengsel in Texten, in Vorworten zu Texten. Genau dies aber ist die der Philosophie Machs adäquate Form der Präsentation seines Lebens. Es ist keine ‚imaginäre' Autobiographie, die man in Gedan-

---

graphischen Skizze macht Herneck; zu weiteren Quellen vgl. Blackmore.

ken zu einem fortlaufenden Text zusammenkleben müßte, sondern eine, bei der das Auseinander der Erlebnisse gerade mit zu ihrer Aussage gehört.

An zwei kleineren Beispielen möchte ich illustrieren, wie Mach sein eigenes Erleben mit ins Spiel bringt. Dabei ist es nicht zufällig, sondern von weitreichender Bedeutung, daß zwei besondere Figuren eine Rolle spielen: das Kind und der Wilde. Mach berichtet die uralte Erzählung von einem Mann – das ist der Wilde –, der an der Meeresküste einen Sonnenuntergang beobachtet und dabei glaubt, die Sonne bei der Berührung mit dem Wasser zischen zu hören. Dieser Erzählung fügt Mach zweierlei hinzu; eine Bemerkung: „Er hört sie wohl auch wirklich zischen, indem er irgendein zufälliges Geräusch hierauf bezieht"; und eine Fußnote: „Ich selbst hörte noch als Kind von vier oder fünf Jahren die Sonne zischen, als sie scheinbar in einen großen Teich tauchte." Dieselbe Konstellation noch einmal: „Der Gedanke, die Sonne mit einem Netz einzufangen, schließt für das Kind keine Unmöglichkeit ein. Die über die Erde verbreiteten Märchen vom Sonnenfänger lassen uns eine primitive Kulturstufe vermuten, für welche das, was uns zur angenehmen Beschäftigung der Phantasie erfunden scheint, ganz wohl ernst gemeint sein konnte." Und Fußnote: „Auch ich bin als Kind der untergehenden Sonne von Hügel zu Hügel nachgelaufen." (Mach 1926, 102)

Diese kleinen Beispiele mögen hier genügen, um zu verdeutlichen, wie Mach seine Erlebnisse mit seiner Theorie verzahnt. Nicht am Zusammenhang seines Lebens ist Mach interessiert, wenn er sich erinnert; die Erinnerung ist vielmehr Bezeugung der Herkunft aus, ja der Noch-Zugehörigkeit des sich erinnernden Subjekts zu einer Naivität, die noch nicht die Stufe des Realismus erreicht hat. Die Dispersion der Erlebnisse, das Auseinander dessen, was in einer Autobiographie zusammenhängen sollte, erklärt sich aus dieser Funktion. Daß Mach seine Autobiographie in die Nicht-Form der Zerstreuung, in die Gegen-Struktur des Auseinander bringt, hängt aufs engste mit dem innersten Nerv seiner Philosophie zusammen, nämlich seiner Theorie des Lebens.

Führen wir uns, ehe wir uns dieser Theorie zuwenden, kurz vor Augen, welches das Leben ist, an das Dilthey denkt, wenn er vom Lebensverlauf spricht. Ich zähle, ohne Anspruch auf Vollständigkeit, einige Charakteristika jenes Lebens auf, in dessen Selbstbesinnung das Formular für jede mögliche Autobiographie beschlossen liegt. Dieses Leben also ist für Dilthey ein „in sich abgeschlossenes, klar abgegrenztes Geschehen" und hat darin seine „Einheit" (VII, 72). Alle Erlebnisse, die dieses Leben ausmachen, gehen ein „in einen Zusammenhang, der im ganzen Lebensverlauf inmitten aller Änderungen permanent beharrt" (VII, 80): ‚Permanente Beharrung' sagt Dilthey: ein emphatischer Pleonasmus. Weiter ist das erlebte Leben „Mittelpunkt" von „Wirkungen", die in es ein- und von ihm ausgehen (VII, 250; V, 106, 210); es ist als psychophysische Einheit Zentrum in einem „Milieu", in einer „physischen und geistigen Umgebung", einer „Umwelt" (VII, 134, 16). Was von dort außen herkommt, sind die Zufälle, die es intern zu verarbeiten gilt: Kontingenzbewältigung führt zu immer höherer Determiniertheit (VII, 14, 215): ein Prozeß der Individuation, der sich über der Basis der permanenten Beharrung abspielt. Diesem hohen Grad an Determiniertheit entspricht es, daß Dilthey stets den psychischen Zusammenhang desjenigen Subjekts zum Thema macht, das erwachsen ist und in einer entwickelten Kultur lebt (V, 169).

Wollte man diesen Befund in einem Fokus zusammenziehen, so könnte man sagen: das Leben, das Dilthey einer möglichen Autobiographie zugrunde legt, ist das Leben eines Subjekts der Selbsterhaltung. Selbsterhaltung meint hier drei in einem: physische Substantialität in Abgrenzung und Beharrung, organische Identität in und trotz der Wechselwirkung mit der Umwelt, personale Individualität in der Steigerung des Andersseins als andere. Den Begriff der Selbsterhaltung verwende ich hier in einem Sinne, der auch noch die Lebensäußerungen, die wir unter dem Titel Kultur zusammenfassen, als Äußerungen eben jenes Lebens begreift, das sich da erhält. Es macht ja umgekehrt auch gerade die Rationalität einer Theorie kultureller Entwicklung aus – auch einer Theorie der Geisteswissenschaften –, daß sie kulturelle Formationen aller Art nicht als überschüssigen Luxus begreift, sondern als das, was nötig ist, wenn das Leben Leben bleiben will.

Die Charakteristika, die Dilthey dem Leben gibt, dessen Verlauf Gegenstand intimen Verstehens ist, sind relativ trivial – wobei ‚trivial' synonym ist mit ‚evident'. Und sie sind es, weil sie nur die formalsten Elemente enthalten, unter denen eine Autobiographie überhaupt möglich ist. Sie entfalten nur den Sachverhalt, daß der, der in ihr sein Leben erzählend oder schreibend mitteilt, lebt, während er sich mitteilt. Leben heißt für Dilthey: Sich-Äußern; Leben hat eine „Tendenz" zum Ausdruck. Im Falle der Selbstbesinnung ist, wie Dilthey so schön sagt, „das Geschäft historischer Darstellung schon durch das Leben selber halb getan" (VII, 200).

Freilich nur halb. Es fehlt bei Dilthey jenes okkasionelle Moment, daß gerade dieses Individuum hier und jetzt seine Autobiographie schreibt. Tendenzen sind eben nur rationes insufficientes, wenn sie nicht gar einen Zirkel enthalten. In dieser Lücke zwischen der Tendenz und der Realisierung dessen, wohin sie geht, ist der Versuch angesiedelt, diese Tendenz in sich umzukehren und gegen sich selbst zu wenden. Diesen Versuch hat Mach unternommen. Um ihn zu begreifen, müssen wir nun seine positivistische Theorie des Lebens näher ins Auge fassen.

II.

Mach ist uns ja bekannt als der Theoretiker des sogenannten Empfindungsmonismus. Die Dinge, so behauptet er, sind in Wahrheit nur Komplexe aus Empfindungen. Und die Subjekte sind es nicht weniger. Darin zeigt sich der Anti-Cartesianer: Die Welt zerfällt nicht in denkende Substanzen hier und ausgedehnte Substanzen dort, nicht in eine Innenwelt und eine umgebende Außenwelt. Indem das, was sich selbst Ich nennt, und das, was dieses Ich ein Ding nennt, zu Empfindungskomplexen werden, reduziert Mach heterogene Sphären auf bloße Unterschiede in der Relationierung homogener Elemente. In dieser Homogenisierung liegt es begründet, daß Mach den Begriff „Empfindung“, der ja die Konnotation des Subjektiven, des Bewußten hat, mit dem neutralen Terminus „Element“ ebenso synonym verwendet wie die Komposita „Empfindungskomplex“ und „Elementenkomplex“.
Bloß zu behaupten, Dinge seien gar nicht Dinge, sondern nur Elementenkomplexe, wäre natürlich zu billig: ein Kunstgriff der Nomenklatur. Man muß schon sehen, worin der Witz dieser Umbenennung liegt, was mit ihr an Erkenntnisgewinn verbunden sein soll. Nun, Mach verbindet mit dieser Umbenennung nichts Geringeres als eine genetische Theorie des Bewußtseins. Der erste, ursprüngliche reine Zustand der Welt ist das, was Mach den „Strom“ oder „Fluß dieser Elemente“ nennt (Mach 1910, 238f.), eine metaphorische, ja mythische Charakteristik der Existenzform der Empfindungen. Wie kommt es von

diesem homogenen ‚hyletischen Fluß' zu unserer zwiespältigen Welt, in der sich Bewußtsein und Wirklichkeit gegenüberstehen?

Für den Anfang dieser Dissoziation hat Mach keine Theorie – und es kann auch keine geben –, aber doch ein Surrogat dafür, ein Analogon. Er verweist auf beobachtbare „Variationen dynamischer Gleichgewichtsformen": „Die Änderung von Flußläufen durch zufällige Umstände, welche Läufe dann beibehalten werden, sind ein ganz rohes Beispiel. Schraubt man einen Wasserhahn so weit zu, daß ein ganz dünner ruhiger Strahl zum Vorschein kommt, so genügt ein zufälliger Anstoß, um dessen labiles Gleichgewicht zu stören und dauerndes rhythmisches tropfenweises Ausfließen zu veranlassen. Man kann eine lange Kette aus einem Gefäß, in welchem diese zusammengerollt liegt, über eine Rolle, nach Art eines Hebers, in ein tieferes Gefäß überfließen lassen. Ist die Kette sehr lang, der Niveauunterschied sehr groß, so kann die Geschwindigkeit sehr bedeutend werden, und dann hat die Kette bekanntlich die Eigenschaft, jede Ausbiegung, die man ihr erteilt, frei in der Luft lange beizubehalten und durch diese Form hindurchzufließen." (Mach 1906, 194f.; vgl. Mach 1910, 415f.) Alle diese Erscheinungen beginnen mit einem ‚normalen' Zustand; es kommt ein „zufälliger Anstoß" hinzu; und schließlich ‚stabilisiert' sich der durch dieses externe kontingente Ereignis entstandene neue Zustand. Zuerst ein homogenes Fließen, dann eine Störung dieses Flusses und am Ende die Stabilisierung des Resultats dieser Störung, nämlich ein gestörtes Fließen, ein Durchlaufen einer „Ausbiegung".

Als analogisch geregelte Imagination enthält diese Beschreibung eine Substitutionsanweisung: Setze an die Stelle des hier beschriebenen ersten fließenden Zustandes den unbeschreibbaren Strom der Elemente. Er muß gestört werden, wenn je Elemente Bausteine für etwas anderes werden sollen; er muß abgelenkt werden, wenn etwas Bleibendes zustande kommen soll. Die Ablenkung selbst ist das, was bleibt. Die Störung bleibt als neuer Zustand erhalten und prägt alle Folgezustände; nicht nur das eine Glied der fließenden Kette, das zufällig getroffen wurde, weicht vom geraden Weg ab, sondern der gesamte Ablauf weicht ab: jedes Kettenglied, das nachfolgt, muß den Umweg machen, den der erste Abweichler vorschreibt. Genau darin aber besteht das Gedächtnis oder die Erinnerung. Erinnerung ist in ihrer Grundgestalt nichts anderes als die Modifikation späterer Vorgänge durch frühere. In solcher Erinnerung aber besteht für Mach das Wesen aller organischen Existenz – bis hin zur menschlichen. „Gedächtnislose Organismen" kann es nicht geben (Mach 1906, 162). Denn dies wäre eine contradictio in adjecto. Der theoretische Vorzug dieses Anfangs liegt darin, daß Organismus und ‚Bewußtsein' ursprünglich identisch und alle biogenetischen Deskriptionen strukturgleich sind mit denen, die die Genese des ‚Bewußtseins' darstellen. Was, indem es einen gleichförmigen Durchlauf stört, den Organismus konstitutiert, läßt – darin besteht die Konstitution – in ihm „Spuren" zurück: „Spuren der Vergangenheit", „Gedächtnisspuren", „Erinnerungsspuren". Störung oder Abweichung ist ein iterierbares Ereignis: Nicht nur modifiziert die erste Spur alles, was ihr folgt; in diesem können selbst neue Störfaktoren vorkommen, die neue Spuren hinterlassen, um im Verein mit den schon vorhandenen Modifikatoren alles Weitere immer neu und anders zu modifizieren. Das Ergebnis dieses iterativen und kumulativen Prozesses nennt Mach Erfahrung oder Intellekt, im Grunde nur ein kompliziertes Geflecht aus Erinnerungen. „Das ganze vorausgehende Empfindungsleben, soweit es in der Erinnerung aufbewahrt ist, wirkt nun bei jedem neuen Empfindungserlebnis mit." (Mach 1906, 82, 141, 160, 194; vgl. Mach 1926, 21)

Erinnerung bleibt in dieser Mitwirkung passiv; sich erinnern heißt hier nicht, etwas Vergangenes mit Mühe wieder zurückholen, um es in der Gegenwart noch einmal zu haben. Erinnerung ist hier kein Akt, sondern die Art, in der Vergangenes bleibende Gegenwart gewinnt; das, was ehedem war, geht mit ein in das, was jetzt ist. Der Organismus lebt eben deshalb nicht in diskreten Momenten, im jeweiligen Jetzt, sondern er lebt ‚retentional', im Jetzt so, daß das Soeben in diesem noch da ist und stets da bleibt. In diesem Sinne gehört Zeitlichkeit nicht nur auch zum Organismus dazu, sondern konstituiert ihn.

Ich erspare es mir, im Detail noch den Vorgang zu beschreiben, der dazu führt, daß sich zu dieser ersten organischen Substanz andere, dingliche Substanzen gesellen. Da unterscheiden sich Machs Vorstellungen nur unwesentlich von sensualistischen Theorien. Sehr anschaulich hat Mach seine genetischen Überlegungen in dem Satz komprimiert, den ich hier anstelle einer Zusammenfassung zitiere: „Nur wir kleben zusammen, die Natur nicht."[3] „Wir kleben zusammen": dies kann intransitiv gelesen werden und besagt dann: wir existieren als in uns selbst klebrig, eben als Elementenkomplexe; und es kann transitiv gelesen werden: wir selbst sind es, die aus Elementen Komplexe bilden, um sie sodann als substantielle Dinge zu behandeln. Die Natur aber – und das heißt: der ursprüngliche, ungestörte Zustand – ist aller Klebemittel ledig, ist frei von allen Komplexen.

Mit einer solchen genetischen Sichtweise scheint Mach in die etwas finstere Rubrik ‚erklärende und konstruierende

[3] Tagebuchnotiz, zit. nach Dingler, 91.

Psychologie' zu gehören, die Dilthey seiner beschreibenden und zergliedernden Psychologie entgegenstellt. Mach, so scheint es, beginnt bei Elementen, die nur hypothetisch sind, und verfährt synthetisch, indem er aus ihnen das Bewußtsein, ja sogar den Organismus und die Objekte der Wirklichkeit aufbaut. Dieser Schein aber löst sich rasch auf, wenn wir unser Augenmerk darauf richten, wie diese genetischen Betrachtungen überformt sind von und auch nur Sinn geben in einer analytischen Theorie, einer im emphatischen Sinn analytischen Theorie.

Um dies zu verdeutlichen, erinnere ich noch einmal an das Zischen der untergehenden Sonne und Machs eigenes Bekenntnis: „Ich selbst hörte noch als Kind von vier oder fünf Jahren die Sonne zischen, als sie scheinbar in einen großen Teich tauchte..." Signifikant für das Verhalten jenes Subjekts, das Dilthey den „entwickelten Menschen" nennt und dessen „fertiges vollständiges Seelenleben" sein Thema ist (V, 169), signifikant auch für das, was Realismus heißt und wie er sich durchsetzt, ist Machs Fortsetzung: „... Ich wurde deshalb von den Erwachsenen verlacht." Zwei Welten, die einander nicht verstehen, prallen hier zusammen. Lachend und verlachend distanzieren sich die Erwachsenen, reif und lebenstüchtig, von jener anderen irrealen Welt, deren Repräsentant das Kind vor ihnen, aber auch das Kind in ihnen ist. Dieses Lachen ist ein Selbsterhaltungsakt, ein Regressionsschutz. Die Pointe dieser Episode aus Machs Kindheit aber liegt in der erst viele Jahre später möglich gewordenen Antwort, die der positivistische Philosoph Mach auf dieses Lachen gibt, indem er seiner kleinen Geschichte hinzufügt: „Die Erinnerung" – an das Zischen der Sonne nämlich – „ist mir aber sehr wertvoll."

Worin liegt der Wert derartiger Erinnerungen? Dieses Wertvolle ist eine Art Gegen-Bedeutsamkeit. Durch solche Erinnerungen sucht der Sich-Erinnernde sich dem Ursprung anzunähern. Im Versuch, zum Anfang des Lebens und über ihn hinaus zurückzukehren, nähert sich die Erinnerung einer Sphäre, die noch nicht als ein seelischer Zusammenhang strukturiert und als äußere Realität stabilisiert ist: Approximation an den elementaren ‚Zustand', an die Welt der Elemente. Natürlich kann die Erinnerung nicht bis in diese irreale Welt vordringen, weil es in ihr keine Inhalte gibt: erinnerbare Inhalte setzen gerade das voraus, was aus diesem Anfang ausgeschlossen ist: stabile Gegenstände, bleibende Relationen, feste Zusammenhänge – wenigstens ein Minimum solcher Beharrlichkeit. Die mit jedem weiteren Schritt in die eigene Vergangenheit hinein abnehmende Konsistenz der Zusammenhänge bedingt nicht nur das Sich-Auflösen der Erinnerung, sondern ist mit diesem identisch. Ohne Inhalte der Erinnerung aber gibt es auch kein Ich, das sich erinnert. Die Anfangswelt ist gerade deshalb gegenstandslos und subjektlos, und es gibt gerade deshalb keine Erinnerung an sie, weil es schon in ihr keine Erinnerung gibt. Wenn Mach den Weg des Zurückdenkens über die gerade noch erreichbaren naiven Erlebnisse der frühen Kindheit hinaus verlängert, tiefer in die Naivität hinein, dann geht er auf einen Grenzwert zu, der identisch ist mit jenem elementaren ‚Zustand', von dem seine analogische Konstitutionstheorie ausging.

Memoria contra memoriam: das ist Machs Prinzip. Sich-Erinnern heißt hier, sich gegen das wenden, was sich aus Erinnerung konstituiert hat: Leben und Bewußtsein. Machs analytische Erinnerung dient nicht der methodischen Sicherung der materialen Basis einer genetischen Theorie. Sie ist vielmehr die Suche nach jenem elementaren Zustand, der aller synthetischen Erinnerung, aller Selbsterhaltung und aller Selbstbesinnung des Lebens vorausliegt und nur im Gegenzug gegen sie zu finden ist. Insofern ist Machs Positivismus eine analytische Philosophie.

Was heißt hier nun Analyse? Mach sagt lapidar: „Die Komplexe zerfallen in Elemente." (Mach 1906, 4) Dieser These ist eine konziliante Fußnote hinzugefügt, die es erlaubt, dieses Zerfallen auch als eine abstraktive Operation zu denken, aber zugleich kunstvoll ungesagt läßt, wie das Sich-Auflösen der Komplexe im eigentlichen Sinn zu denken ist. Analyse heißt eben nicht Zergliederung, sondern Zerfall. Ernst Mach, der Physiker, arbeitet an dieser Auflösung durch seine Wissenschaftsgeschichte. Verflüssigung aller Theorien durch Einsicht in ihre Entstehung: denn Genese heißt immer: Komplexe bilden, zusammenkleben, festwerden. „Die Geschichte hat alles gemacht", das ist der eine Satz Machs, der synthetische; warum er sich für die Geschichte interessiert, das sagt die analytische Fortsetzung: „Die Geschichte kann alles ändern. Erwarten wir von der Geschichte alles." (Mach 1872, 2ff.) Machs Intention ist „eine gänzliche Umgestaltung der physikalischen Grundansichten" (ebd. 55). Was dabei herauskommt, ist nicht ein neues System, sondern ein Verfahren des Abbaus aller Systeme. Die Einheit der Wissenschaft ist gewiß ein großes Ideal, aber es realisiert sich für Mach in dem ständigen Bemühen um Verflüssigung des Festgewordenen: das Ziel ist, „alles Wissen in einen Strom zusammenzuleiten" (Mach 1933, VI f.).

Ernst Mach aber, der Philosoph, betreibt das, was er „meine ständige Selbstanalyse" nennt (ebd. XVIII). Bei dieser dezidiert analytischen Form von Selbstbesinnung kommt ihm gelegen, daß die Kürze der Assoziationsketten, wie sie für Kinder und Tiere kennzeichnend ist – beide sind noch nicht so mit Komplexen beladen –, auch eine Alterserscheinung ist. Hören wir uns diesen zwischen

Reflexion und Vision liegenden Text an, den Mach ein Jahr vor seinem Tod veröffentlicht hat: „Mit zunehmendem Alter, wenn wir uns des Nachlassens unserer Sinne bewußt werden, verlieren wir uns oft in der Vergangenheit; die Erinnerung an der ersten Kindheit längst entschwundene Tage, an die primitivste, zumeist aber freundlichste Epoche unseres Daseins steigt herauf. Mit leuchtenden Farben malte sich in uns damals alles zu unvergänglichen Bildern und träumend erleben wir die Welt jener Erstlingstage wieder: Gerüche, Farben, Formen, Tastempfindungen vermittelten uns damals weit vollkommener unsere viel zarteren, empfänglicheren Sinne. Wir werden gewahr, wie unendlich reich und fruchtbar jene Zeit war, welche Fülle von Eindrücken auf uns einstürmte und wie wir noch heute, im Grunde genommen, in unserer damaligen Empfindungswelt wurzeln." (Mach 1915, 22)

Mach sieht das Leben, das zeigt sich am Ende seines eigenen, in der Gestalt eines Bogens. Aus der unberührten elementaren Naivität, dem Unerreichbaren, steigt es auf und nähert sich ihm im Alter wieder an. Das, woher es kommt, und das, wohin es geht, sind eins. Machs Erinnerung geht nicht in die Selbstbesinnung ein, sondern leitet zur Selbstanalyse an, führt hin zur Selbstdiffusion im Fluß der Elemente. So ist für Mach „das Ich keine von der Welt isolierte Monade, sondern ein Teil der Welt und mitten im Fluß derselben darin, aus dem es hervorgegangen und in den zu diffundieren es wieder bereit ist" (Mach 1926, 462). Das Leben ist nicht das Erste, sondern das Zweite. Es stimmt zwar – was Dilthey sagt –, daß das Denken nicht hinter das Leben zurückgehen kann; Machs Philosophie aber bringt zum Ausdruck, daß das Denken an diesem Nicht-Können leidet und im Leben selbst nach den Gründen für dieses Leiden sucht.

III.

Im letzten Teil meiner Überlegungen möchte ich nun einige Bemerkungen machen über die Konsequenzen, die sich aus dieser Sicht des Lebens für die Funktion der Erlebnisse im Leben ergeben. Die Linie, die ich dabei zwischen Dilthey und Mach zu ziehen versuche – nur eine von verschiedenen möglichen –, verläuft über Husserl. Seine „Logischen Untersuchungen" sind in ihren erkenntnistheoretischen Ausführungen von Mach beeinflußt und haben ihrerseits auf Dilthey gewirkt. Ich möchte zuerst einen Blick werfen auf die anonyme Präsenz der Empfindungslehre Machs in der 5. Logischen Untersuchung und dann noch auf Diltheys späte Theorie der „gegenständlichen Auffassung" eingehen.

„Wie entstehen die Empfindungen?" Diese Frage Herbarts (Herbart, 217) beunruhigt Husserl nicht. Empfindungen sind ursprünglich. Es hat keinen Sinn, nach ihrer Entstehung oder ihrer Herkunft zu forschen; sie sind vielmehr selbst Herkunft von allem anderen. Husserl befindet sich da ganz im Einklang mit der wichtigsten These Machs: „Die Empfindung muß man nicht erklären wollen." (Mach 1926, 44) Weder steigt die Empfindung aus dem Abgrund des Unbewußten auf, noch resultiert sie aus den Abläufen, die ein äußerer Reiz im Nervensystem des gereizten Organismus auslöst. Der Phänomenologe weiß nichts von „irgendwelchen verborgenen und hypothetisch angenommenen Vorgängen in den unbewußten Tiefen der Seele oder in der Sphäre des physiologischen Geschehens" (LU II, 363).[4]

Doch erinnern wir uns: Für Mach ist die Empfindung ein

[4] Die ‚Logischen Untersuchungen' (LU) zitiere ich nach der ersten Auflage von 1900/1901.

Neutrum; ihr ‚eigentlicher' Name ist Element. Wie wird die elementare Empfindung subjektiver Bewußtseinsinhalt einerseits, andererseits objektive Qualität? Nach dieser Gabelung fragt Mach und antwortet mit einer genetischen Theorie. Dies liegt Husserl fern. Die Empfindung ist nie etwas anderes als subjektiver Bewußtseinsinhalt. Wie kommen wir von subjektiven Empfindungen zu objektiven Qualitäten? So fragt Husserl, und er antwortet mit einer deskriptiven Theorie. Das Bewußtsein entsteht nicht als ein Sich-Binden und Sich-Lösen von Elementen; es ist eine fertige Struktur, so fertig, daß der Gedanke, sie könne je unfertig gewesen sein, sorgsam niedergehalten scheint – und sich erst recht ständig aufdrängt.

Dabei ist es nicht ganz ohne Bedeutung, daß Husserl sich wiederholt dem Empfindungsmonismus im verständnisvoll-unpolemischen Referat annähert, besonders in jenem § 7 der fünften „Logischen Untersuchung", der in der zweiten Auflage ersatzlos gestrichen wurde. In diesem verworfenen Text stellt Husserl einander gegenüber: hier, bei sich, die deskriptive Psychologie, die die „Icherlebnisse (oder Bewußtseinsinhalte)" untersucht, dort, auf Distanz gebracht, die genetische Psychologie, deren Aufgabe es ist, „die Zusammenbildung von psychischen Elementen zu Ich, weiterhin deren Entwicklung und Verfall zu erforschen" (LU II, 336). Dieser Formulierung ist zu entnehmen, daß Husserl – übrigens im Einklang mit den meisten seiner Zeitgenossen – Mach ‚psychomonistisch' bzw. ‚idealistisch' mißversteht. Während der Phänomenologe für sich „Bewußtseinsinhalte" mit „Icherlebnissen" gleichsetzt, unterstellt er dem Positivisten, er fange bei „psychischen Elementen" an, lasse dann eine Phase der „Zusammenbildung" ablaufen und höre schließlich beim „Ich" auf. Daß aus Elementen zuerst einmal psychische Elemente werden müßten, liegt ebenso außerhalb dessen, was Husserl sich in den Sinn kommen läßt, wie der Sachverhalt, daß für Mach psychische Elemente als solche schon ichhafte Elemente sind – was ein Sich-Herausbilden dieses Ich zu schärferer Distinktheit nicht ausschließt. Aus Husserls idealistischem Mißverständnis der „Elemente“ Machs entsteht, im Referat, eine Dissoziation von Bewußtsein und Ich. Noch tut Husserl sie ab; doch spätestens 1907 wird er sich mit ihr anfreunden und die Gleichung von 1901 „Bewußtsein = das phänomenologische Ich“ fallenlassen.

Das Bewußtsein, das Husserl 1901 zum Thema macht, ist keine bloße Ansammlung von Empfindungen, keine einfache Agglomeration, sondern ein „‚Bündel‘“ oder eine „Verwebung der psychischen Erlebnisse“. Das heißt vor allem negativ: das Bewußtsein ist keine Bühne, keine Tafel, kein Behälter, keine „Schachtel“ (LU II, 164). Es ist nicht zuerst eine Leere da, zu der dann Inhalte kommen, um sie auszufüllen; es sind zuerst Inhalte da, die zu dem geeint werden müssen, was dann Bewußtsein heißt. Doch dies möchte Husserl nicht genetisch verstanden wissen. „Verwebung“, das liegt Husserl am Herzen, meint hier nicht einen Prozeß, sondern einen Zustand; die Erlebnisse werden nicht ‚verwebt‘, sie sind ‚verwebt‘.

Die Inhalte des Bewußtseins sind so Teile eines Ganzen. Diese Teile – Husserl nennt sie alle „Erlebnisse“ – lassen sich in zwei Sorten einteilen: Empfindungen und Akte. Die Empfindungen aber gehen in die Akte ein; durch einen Akt geschieht etwas mit den Empfindungen. Und was? Sie werden „apperzipiert“, also „aufgefaßt“, nicht als sie selbst, sondern als etwas anderes, nämlich als das, wodurch uns objektive Qualitäten gegeben sind. Die „objektivierende Auffassung“, die das Bewußtsein immer natürlich und selbstverständlich vollzieht, ist dafür verantwortlich, daß wir nicht Empfindungen sehen, sondern

Eigenschaften, nicht Empfindungskomplexe, sondern Gegenstände. Diese Apperzeption nicht beachtet zu haben, ist einer der Einwände, die Husserl gegen Mach, ohne diesen zu nennen, vorbringt: „Nicht selten mengt man beides, Farbenempfindung und objektive Farbigkeit des Gegenstandes, zusammen. Gerade in unseren Tagen ist eine Darstellung sehr beliebt, die so spricht, als wäre das eine und andere dasselbe, nur unter verschiedenen ‚Gesichtspunkten und Interessen' betrachtet; psychologisch oder subjektiv betrachtet, heiße es Empfindung, physisch oder objektiv betrachtet, Beschaffenheit des äußeren Dinges." (LU II, 327) Die Apperzeption ist eine „deutende Auffassung" von Empfindungen; diese erfahren durch jene eine „gegenständliche Deutung" (LU II, 329, 370).

Apperzeption, Deutung, Beseelung: das sind selbst nur verschiedene Bezeichnungen des einen Vorgangs der Auffassung, durch den eine Beziehung hergestellt wird zwischen den subjektiven Empfindungen und den objektiven Qualitäten; genau diese Leistung aber führt Husserl unter dem Namen Intentionalität. Die Empfindungen „ermöglichen als die notwendigen Anhaltspunkte die Intention"; diese aber ist „auffassende Intention" (LU II, 353–362). Wenn die Empfindungen die Intention ermöglichen, so heißt das doch: Die Empfindungen sind das erste; sie werden gebündelt zur umfassenden Einheit oder verweben sich zu Komplexionen: das ist das zweite; das dritte ist dann die objektivierende Apperzeption, die auffassende Intention. Aber Intentionen kommen nicht einfach neben Empfindungen und Empfindungskomplexen auch vor, der Abwechslung wegen dazwischengestreut; vielmehr heften sie sich stets an Empfindungen, suchen und – wenn sie Glück haben – finden in ihnen das, was Husserl mit einer Vokabel aus dem Sprachschatz des Okkasionalismus

ihren „Anhalt“ nennt (LU II, 353, 370). Zusammengefügt aus den Komponenten Empfindungskomplex und Intention, erscheint das Bewußtsein in sich auf eine Weise dualistisch, die es ihm erlaubt, sich selbst als ganzes und als ein Ganzes seinen Gegenständen gegenüberzustellen. Hat die Intention erst einmal an Empfindungen Halt gefunden, dann ist es um deren bloßes Innesein auch schon geschehen: indem die Auffassung sie sich „einordnet oder angliedert“, bildet sich als neue Einheit das „intentionale Erlebnis“ oder der „Bewußtseinsakt“. Halten wir aber fest, daß es stets der ‚fertige‘ Akt ist, den Husserl beschreibt. Die Folge von zuerst dieses, dann jenes und schließlich ein drittes; diese Stadien sind bloß analytisch-deskriptiv, nicht genetisch-konstitutiv zu verstehen.
Dieser Aufbau, obschon wohldurchdacht, weist eine Achillesferse auf, die ihn für das vermeintliche Gift der genetischen Betrachtungsweise anfällig macht. Zu den „Erlebnissen“ gehören auch nichtintentionale Erlebnisse: die Empfindungen gehen keineswegs stets als inneres Moment ein in die nach außen gewandte Struktur eines Aktes, sie können getrost apperzeptionsfrei existieren. Die Intention bedarf der Empfindung als das, woran sie sich halten und was sie sinnhaft deuten, beseelend auffassen kann. Die Empfindung indes, so scheint es, bedarf keiner Intention. Könnte nicht ein Bewußtsein ausschließlich aus intentionslosen Empfindungen bestehen? Mach würde sagen: bestehen könnte es aus ihnen nicht, aber in sie sich auflösen. Für Husserl aber können Empfindungen auch ohne qualitative Deutung vorkommen, freilich stets ‚gebündelt‘, stets ‚verwoben‘; und Empfindungskomplexe – nicht alle, aber immer irgendwelche – müssen objektivierend aufgefaßt werden, soll das Bewußtsein Bewußtsein bleiben. Indirekt also, über die interne Komplexion, haben alle Empfindungen Anschluß an Intentionalität. Ein

Bewußtsein ohne alle auffassende Intention würde aufhören, Bewußtsein zu sein. Die phänomenologische Binsenweisheit, daß Bewußtsein immer Bewußtsein-von-etwas ist, gewinnt einiges von ihrer früheren Frische zurück, wenn man sieht, wie mühsam sie gegen den ‚Psychomonismus' gefunden wird, den Husserl für die Philosophie Machs hält.

Blicken wir nun auf Dilthey, den Leser der „Logischen Untersuchungen"! Aus der „objektivierenden Auffassung", die Husserl gegen Mach ins Feld führt, wird bei ihm die „gegenständliche Auffassung" – sprachlich eine unscheinbare Differenz, sachlich jedoch von beachtlicher Tragweite. Dilthey hält 1905 zwei Hauptformen der gegenständlichen Auffassung auseinander, nämlich die Auffassung „von Erlebnissen" und die Auffassung „äußerer Gegenstände". Dieses letztere kennt Husserl weder dem Terminus noch der Sache nach; sind doch für ihn solche Gegenstände dem Bewußtsein erst als Resultat der Auffassung von Erlebnissen gegeben. In der „Zweiten Studie zur Grundlegung der Geisteswissenschaften" hat Dilthey ersichtlich Schwierigkeiten mit dem Idealismus, der in Husserls Begriff der „objektivierenden Auffassung" darauf wartet, zum Ausbruch zu kommen. Diltheys mühsam anti-idealistische Theorie des Widerstandes, den die Dinge unserem Willen entgegensetzen – denken wir an die Realitätsabhandlung von 1890 –, ist mit der phänomenologischen Konstitutionstheorie kaum zu versöhnen.

Zunächst klammert sich Dilthey noch an eine Differenz in den Grundlagen: Wird der psychische Zusammenhang aufgefaßt, so hat dieses Auffassen seine „Grundlage im Erleben"; wird der äußere Gegenstand aufgefaßt, so hat dieses Auffassen seine „Grundlage im sinnlichen Anschauen" (VII, 32f.). Diese Opposition von Erleben und sinnlichem Anschauen gehört zu den Spätfolgen der unbewältigten Probleme, die Kants Unterscheidung von innerem und äußerem Sinn hinterlassen hatte; wenn Dilthey von „sinnlichem Anschauen“ spricht, so meint er freilich – anders als Kant – ausschließlich das, was den Sinnen von außen eingedrückt wird, während das Erlebnis den Inhalten des inneren Sinnes entspricht. So unbefriedigend indes Diltheys Distinktion in den Grundlagen des Auffassens auch sein mag: sie trägt doch dem Rechnung, was er den „Druck der Außenwelt“ und was Kant die Affektion durch Dinge außer mir genannt hat.

Diese Opposition von Erleben und sinnlichem Anschauen wird fünf Jahre später, im „Aufbau“ von 1910, preisgegeben: Jetzt kommt auch den „Eindrücken von der Natur“ „Erlebnischarakter“ zu. Eindrücke sollen sie dennoch bleiben: fragt sich nur wie. Unser Verhältnis zu physischen Objekten besteht nun nur noch aus lauter Konstruktion: einerseits muß der Mensch die Natur „aus seinen Eindrücken konstruieren“; andererseits ist dieses Konstrukt das, „durch dessen Setzung die Impressionen konstruierbar werden“ (VII, 81–83). Dieser konstruktive Zirkel, in dem wir Impressionen zu Dingen bündeln und von diesen Dingen wiederum erst unsere Impressionen bekommen, enthält eine unwiderstehliche Inklination zu einem Idealismus. Man müßte schon, wollte man dagegen anarbeiten, ein Ding an sich einführen, das uns beeindruckt und aus dessen Eindrücken wir dann ein anderes Ding – nennen wir es mit Kant Erscheinung – konstituieren.

Nun, die physischen Objekte sind in Diltheys späten Überlegungen ein marginales Problem. Thematisch zentral dagegen sind die „geistigen Objekte“. Und doch ist das, was sich da thematisch an der Peripherie abspielt, für die Sicht der inneren Verfassung des Seelenlebens von entscheidender Bedeutung. Ein Bewußtsein, das einen

Teil seiner Empfindungen äußeren Eindrücken verdankt, ist auch dem ausgeliefert, wovon es beeindruckt wird. Rezeptivität heißt Verletzbarkeit, ja Zerstörbarkeit. Die äußeren Objekte aus der Auffassung von subjektiven Empfindungen allererst entstehen zu lassen, macht das Bewußtsein unangreifbar. Darin liegt der Reiz von Husserls Konzept der objektivierenden Auffassung für Dilthey: Das Seelenleben macht sich unbetreffbar; im psychischen Zusammenhang kommen keine Erlebnisse vor, die den Zusammenhang selbst, in dem sie vorkommen, zerreißen könnten; er ist „in sich abgeschlossen“, fähig zu permanenter Beharrung. Dies also lernen wir aus Diltheys später Übernahme des Gedankens der objektivierenden Auffassung: Durch das, was Husserl gegen Mach tut, sieht Dilthey seine eigenen Intentionen gefördert.

Husserl freilich hat im Innern des Bewußtseins selbst eine Stelle, an der es von Zerfall bedroht ist: die ‚okkasionalistische‘ Verknüpfung von Empfindung und Intention, von Inhalt und Auffassung. Diese immanente Labilität des von ihr beschriebenen Bewußtseins führt die Phänomenologie immer wieder an den Rand der so emphatisch analytischen Elementenlehre Machs. 1907 schreibt Husserl: „Natürlich, daß es Nichts nicht geben kann, das ist selbstverständlich. Aber ein bloßes ‚Gewühl von Empfindungen‘, ein Durcheinander, das in der präempirischen Zeitfolge so unvernünftig aufeinander folgt, daß keine Dingauffassung sich darin erhalten und durchhalten kann, ein bloßes Empfindungsgewühl, sage ich, ist ja nicht ein absolutes Nichts, es ist nur nichts, was eine dingliche Welt in sich konstituiert. Warum muß aber eine Welt existieren?... Ich sehe in der Tat nicht ein, daß sie das müßte. Das betrifft die Welt im weitesten Sinn, einschließlich das Ich als Persönlichkeit und andere Ich... So kommen wir auf die Möglichkeit eines phänomenologischen Gewühls als einziges und letztes Sein, aber eines so sinnlosen Gewühls, daß es kein Ich gibt und kein Du gibt und daß es keine physische Welt gibt.“ (Hua XVI, 288 f.)

Was Husserl mit einer Metapher Kants (KrV, A 111) als „sinnloses Gewühl“ so finster-bedrohlich beschwört, erlebt der junge Mach „plötzlich“ als eine beglückende Befreiung. „An einem heiteren Sommertag im Freien“, so schildert er seine Erweckungsszene, „erschien mir einmal die Welt samt meinem Ich als *eine* zusammenhängende Masse von Empfindungen, nur im Ich stärker zusammenhängend. Obgleich die eigentliche Reflexion sich erst später hinzugesellte, so ist doch dieser Moment für meine ganze Anschauung bestimmend geworden“ (Mach 1906, 24 Anm. 1) – ein Moment, in dem die Indifferenz von Ich und Welt aufblitzt und damit für einen Augenblick die Auflösung beider ins Elementare als ursprünglich-wahr erscheint.

Dem von Dilthey analysierten Bewußtsein sind solche tiefen Anfechtungen fremd. Es ist primär Zusammenhang, dann erst Zusammenhang von Erlebnissen; es ist primär Struktur, dann erst Struktur von Inhalten. Gewiß, was die Fülle der beschriebenen Erscheinungen angeht, reklamiert Dilthey mit Recht für seine Philosophie, sie leiste eine „unverstümmelte und unbefangene“ Deskription des Seelenlebens und der Lebensäußerungen. Aber erfaßt zu haben, daß ins Innerste dieses Lebens die Möglichkeit des Zerfalls gehört – als Gefahr bei Husserl, als Chance bei Mach –, darin sind ihm der Phänomenologe und der Positivist voraus.

Literaturverzeichnis

Blackmore, John T.: Three Autobiographical Manuscripts by Ernst Mach, in: Annals of Science 35 (1978) 401–418.

Dingler, Hugo: Die Grundgedanken der Machschen Philosophie, Leipzig 1924.

Herbart, Johann Friedrich: Lehrbuch zur Einleitung in die Philosophie (1813), in: Sämtliche Werke I, Leipzig 1850.

Herneck, Friedrich: Über eine unveröffentlichte Selbstbiographie Ernst Machs, in: Wissenschaftliche Zeitschrift der Humboldt-Universität zu Berlin. Mathematisch-naturwissenschaftliche Reihe 6 (1956/1957) Nr. 3, 209–220.

Mach, Ernst: Die Geschichte und die Wurzel des Satzes von der Erhaltung der Arbeit, Prag 1872.

–: Die Analyse der Empfindungen, Jena ^{5}1906 (^{1}1886).

–: Populärwissenschaftliche Vorlesungen, Leipzig ^{4}1910 (^{1}1896).

–: Kultur und Mechanik, Stuttgart 1915.

–: Erkenntnis und Irrtum, Leipzig ^{5}1926 (^{1}1905).

–: Die Mechanik in ihrer Entwicklung historisch-kritisch dargestellt, Leipzig ^{9}1933 (^{1}1883).

Phänomenologische und spekulative Ontologie bei Dilthey und Nietzsche

Von Werner Stegmaier, Bonn

1. Distanz und Nähe Diltheys und Nietzsches

In seiner *Fröhlichen Wissenschaft* notiert Nietzsche „angesichts eines gelehrten Buches" (FW, 366)[1]:

> „Wir gehören nicht zu Denen, die erst zwischen Büchern, auf den Anstoss von Büchern zu Gedanken kommen – unsre Gewohnheit ist, im Freien zu denken, gehend, springend, steigend, tanzend, am liebsten auf einsamen Bergen oder dicht am Meere, da wo selbst die Wege nachdenklich werden."

Aus dem „rechtschaffnen gelehrten Buch" kommt ihm „etwas Drückendes, Gedrücktes" entgegen, „Stubenluft, Stubendecke, Stubenenge", die „Überschätzung des Winkels, in dem er (der Gelehrte) sitzt und spinnt, sein Buckel – jeder Specialist hat seinen Buckel". Das Buch, das er da „erleichtert" zuschlägt, könnte ihm *Heinrich v. Stein* zu lesen empfohlen haben, ein Mitglied des Wagner-Kreises, in dem Nietzsche einen Jünger zu gewinnen hoffte. Nachdem er sich mit der tatkräftigen Hilfe Diltheys in Berlin habilitiert hatte, suchte Stein noch im gleichen Sommer

[1] Nietzsches Werke werden nach der Kritischen Gesamtausgabe von G. Colli und M. Montinari (KGW, Berlin, New York 1967ff.) mit der Werk-Sigle, wo nötig mit der Kapitelüberschrift und mit der Aphorismen-Nummer, der Nachlaß mit der Nummer der Abteilung der KGW, des Manuskripts und – in eckiger Klammer – des Fragments, außerdem mit Band und Seite der (der KGW folgenden) Kritischen Studienausgabe in 15 Bänden (München, Berlin, New York 1980) zitiert; Diltheys Werke nach den Gesammelten Schriften.

1884 Nietzsche in Sils-Maria auf (Ralfs 1940, XIX; Janz 1978, 325–336) und hatte wohl die neu erschienene *Einleitung in die Geisteswissenschaften* im Gepäck,[2] von der er annehmen mußte, ihre Kritik und Überwindung von Metaphysik und herkömmlicher Moralbegründung müsse Nietzsche interessieren. Nietzsche geht auf ihren Inhalt aber mit keinem Wort ein, und damit beginnt eine hundertjährige ausbleibende Wechselwirkungsgeschichte. Nietzsche, der „Schaffende", „Befehlende und Gesetzgeber", der „mit schöpferischer Hand nach der Zukunft" greift, nennt Dilthey nicht einmal, zählt ihn wohl, wie auch Kant und Hegel, zu den „philosophischen Arbeitern", denen es obliegt, „alles bisher Geschehene und Geschätzte übersichtlich, überdenkbar, fasslich, handlich zu machen" (JGB, 211). Dilthey, der diese Stelle zitiert, verfolgt Nietzsches Werk zumindest bis zur *Genealogie der Moral* und nennt ihn in einem unveröffentlichten Entwurf den „tiefsten Philosophen der Gegenwart" (VIII, 229). In seinen Publikationen und Vorlesungen stellt er ihn freilich als „exzentrischen Gefühls- und Phantasiemenschen", als ganz unmethodisch vorgehenden, „unbegründbare psychologische Hypothesen" aufstellenden, quälend nur über sich selbst brütenden, der Historie absagenden Begriffsdichter dar, dessen Ideals der „rücksichtslosen Entfaltung der eigenen Kraft" die Geschichte „nicht bedurfte" (VIII, 199–201; IV, 528f.).

Bei solcher wechselseitigen Befremdung und Verachtung ist es in der Forschung bis heute geblieben. Dilthey und Nietzsche stellt man bestenfalls nebeneinander, nicht gegeneinander. Selbst *Heidegger,* der sich mit beiden ausein-

[2] Diese Vermutung äußerte zuerst Kamerbeek 1950, 58. Misch akzeptiert sie in seiner ansonsten kontroversen Antwort; vgl. Misch 1952, 382f.

andersetzt, bringt sie nicht miteinander in Auseinandersetzung.[3] Der Gegensatz vom feinsinnigen, ungeheuer belesenen, umsichtig sammelnden, das Überlieferte sorgsam wahrenden und gewissenhaft abwägenden Gelehrten zum impulsiven, großartig entwerfenden, alle Gelehrsamkeit verachtenden, die Überlieferung radikal verwerfenden, aggressiven Publizisten ist zum Stereotyp geworden.[4]

---

[3] In „Sein und Zeit" bezieht sich Heidegger nur auf Dilthey (bes. § 77), dem er, neben Husserl, viel verdankt, überläßt die Auseinandersetzung mit ihm aber Georg Misch (SuZ, 399 Anm.) und ist statt dessen „entschlossen (...), den Geist des Grafen Yorck zu pflegen, um dem Werke Diltheys zu dienen" (404). Mit Nietzsche beschäftigt er sich vom „Aufbruch des Nationalsozialismus" an bis in seine Spätzeit hinein, wobei seine Stellung zu ihm sich mehrfach wandelt: Müller-Lauter 1981/1982, 132–177, und 1981, 92–113, unterscheidet fünf Phasen. Figl weist (1981/1982, 437) darauf hin, Heidegger müsse sich, wie aus Löwiths unveröffentlichter Dissertation über Nietzsche (Löwith 1923) hervorgeht – Löwith verweist auf Heideggers Vorlesungen aus den Jahren 1919–1922 –, schon vor „Sein und Zeit" mit Nietzsche gründlich befaßt haben (vgl. Figl 1982, 6 Anm. 19). Auch Gadamer geht in „Wahrheit und Methode" zwar umfassend auf Dilthey (vgl. u. Anm. 12), nicht aber auf Nietzsche ein. Er erwähnt ihn nur gelegentlich, befremdet von seinem „verzweifelten Extremismus" (Gadamer 1965, 119), obwohl – so wiederum Figl (1981/1982, 429) – „die sprachontologisch fundierte Hermeneutik Gadamers nicht jene Radikalität und Weite auszeichnet, die für Nietzsches spätes Denken charakteristisch ist".

[4] Die Wechselwirkungsgeschichte lebt zunächst aus oberflächlicher Kenntnis, Mißtrauen, Befremdung und Verachtung und geht schließlich in doxographischer Gleichgültigkeit auf. Scheler, Ges. Werke Bd. 3, 311–339, stellt neben den eine „großartige Konzeption" entwerfenden Nietzsche (316) einen „schon zu alten, zu viel wissenden, den durch ein vieles und tiefes Nacherleben zu skeptisch gewordenen" Dilthey (319). Misch 1975 mißt Dilthey in seinem philosophischen Rang zwar an Nietzsche, nimmt dessen Philosophie aber wissenschaftlich nicht ernst. Bollnow 1967 vergleicht beide immer wieder, schließt sich seinem Lehrer aber im wesentlichen an und tut Nietzsche mit dem Hinweis auf seine „kühne metaphysische Wendung" (33) und sein mangelndes Geschichtsverständnis (223) ab. Aron 1950, 12, deutet eine Rivalität Diltheys gegen Nietzsche nur an. Löwith 1969 bringt Marx, Kierkegaard und Jacob Burckhardt mit Nietzsche in Beziehung, geht aber kaum auf Dilthey ein.

Aber Nietzsche verachtet den Publizisten, „den gewandten ‚vielgewendeten' Litteraten, dem freilich der Buckel fehlt, (...) der eigentlich Nichts *ist*, aber fast Alles ‚repräsentirt'" und schätzt den Gelehrten:

„Nein, meine gelehrten Freunde! Ich segne euch (...) dafür, daß (...) ihr Nichts vertretet, was ihr nicht *seid*! Dass euer einziger Wille ist, Meister eures Handwerks zu werden, in Ehrfurcht vor jeder Art Meisterschaft und Tüchtigkeit und mit rücksichtslosester Ablehnung alles Scheinbaren, Halbächten, Aufgeputzten, Virtuosenhaften, Demagogischen, Schauspielerischen in litteris et artibus – alles Dessen, was in Hinsicht auf unbedingte *Probität* von Zucht und Vorschulung sich nicht vor euch ausweisen kann!" (FW, 366)

Lehmann 1939, 9f., setzt zwar zu einer ersten Wirkungsgeschichte und systematischen Interpretation im Vergleich an, gibt Dilthey dann aber mit seinem „irrationalistischen, aktivistischen und kraft- und saftlosen Fin-de-siècle-Idealismus" regimetreuer Verachtung preis. Lukács, geprägt vom antifaschistischen Kampfgeist des strengen Marxisten, der Nietzsche 1943 als „Propheten des Hitlerismus" anprangert (Lukács 1956, 26), verurteilt ihn noch 1960 zum „Begründer des Irrationalismus der imperialistischen Periode" und Vorkämpfer gegen den Sozialismus (Lukács 1960, 270, 349) und macht Dilthey zugleich zum „Begründer der imperialistischen Lebensphilosophie" und bringt beide, sie nur grob als Bannerträger und stolpernden Vorläufer unterscheidend, unter der weiten Fahne der „Zerstörung der Vernunft" zusammen (270–386). Nach dem Krieg wird wieder wechselnd Partei genommen. Mauer 1949, 458–463, wertet von Dilthey aus Nietzsche, Kamerbeek 1950 von Nietzsche aus Dilthey ab und überführt ihn mit einer Kette verdeckter Indizien des eifersüchtigen Ressentiments gegen den mächtiger auftretenden und rascher zu Ruhm gekommenen Nietzsche. – Heinrich v. Stein (Ralfs 1940, 145–215) eröffnet mit zwei weit distanzierten Heldenbildern die Reihe musealen Nebeneinanders. Habermas 1968 nimmt zwar nun Dilthey ausführlich in die „philosophische Entwicklung von Hegel zu Nietzsche" (9) auf, vergleicht ihn aber nur mit Peirce, Nietzsche dagegen mit Freud. Schnädelbach 1974 bezieht Nietzsche, wiewohl er sich in dessen Darstellung ganz auf die Zweite Unzeitgemäße Betrachtung konzentriert, nicht auf Dilthey und bringt Dilthey, im Anschluß an Habermas und Riedel, vor allem mit dem Deutschen Idealismus in Verbindung, Riedel (1981, 7–28) selbst fügt Dilthey und Nietzsche dicht

Nietzsche, ein Pfarrerssohn wie Dilthey, der wie er zum Atheisten wurde, führte wie Dilthey ein stilles, ganz auf das Werk konzentriertes Gelehrtenleben, blieb wie er zu Leb- und Schaffenszeiten fast unbekannt, wirkte auf die Entwicklung der Philosophie wie er vor allem durch seinen Nachlaß. Äußerlichkeiten, Zufälle vielleicht, die Nähe reicht tiefer. Nietzsche sah sich in derselben Situation und vor derselben Aufgabe der Philosophie wie Dilthey. Im „Zeitalter der Vergleichung" (MA I, 23), des Zusammenströmens der Weltkulturen, haben sich die Verbindlichkeit der Werte, die überlieferte Orientierung über-

---

in den Problemzusammenhang der Philosophie des 19. Jahrhunderts ein, ohne sie, was eine solche Einleitung auch kaum zuläßt, in ihren gegenüber dem übrigen Jahrhundert gemeinsamen Problemzusammenhang zu verschränken. Bausch 1974 geht Diltheys und Nietzsches Werk getrennt durch und nimmt dann in einem sehr knappen Vergleich am Ende (279–287) für Dilthey Stellung. Figl 1981/1982 rekapituliert zunächst Diltheys Kritik an Nietzsche, sucht dann aber einen neuen systematischen Bezug im Begriff der Interpretation, den er als „ontologisches Prinzip" wiederum nur für das Nietzsche-Verständnis fruchtbar macht (Figl 1982). – Es bedurfte der Perspektive eines eigenen konstruktiven Willens, um die Ansätze Diltheys und Nietzsches in einen produktiven Vergleich zu bringen. In mehreren seiner Arbeiten sieht sie Ulmer unter dem gemeinsamen Signet des „Ausbruchs aus der Universitätsphilosophie" (Ulmer 1978, 379–416; 1983, 51–79; 1971, 17). Für Dilthey und Nietzsche, die in Basel beide mit Jacob Burckhardt verkehrten, einander aber verfehlten (Ulmer 1978, 388–393), bleibt nach Ulmer, nachdem „durch die Auflösung der Metaphysik die Wissenschaft (...) ihre absolute Bestimmtheit verloren hat, (...) darum doch ihre Aufgabe, die vorgegebene Gesetzmäßigkeit und Einheit der Welt zu erfassen und dem Menschen dadurch seine Weltstellung zu gewinnen, durchaus erhalten" (Ulmer 1972, 382). Beide haben die „gleiche Bedeutung" für sie. Aber „während Nietzsches Hauptaugenmerk auf eine neue Entscheidung in der spekulativen Dimension der Philosophie gerichtet war, freilich gerade als Grundlage für eine neue Gestaltung der gesamten Lebenswelt, zu deren Ausführung er aber nicht mehr kam, liegt das Schwergewicht des Werkes von Dilthey gerade auf der konkreten Ausarbeitung der Grundgestalten der Lebenswelt, wobei er seinerseits zu keiner angemessenen Erfassung der spekulativen Dimension kommt" (393).

haupt in einen passiven Nihilismus aufgelöst, „historische Vergleichung" vollbringt zusammen mit den positiven Wissenschaften und der philosophischen Vernunftkritik ein „Werk der Zerstörung", führt zum „Bewußtsein der Anarchie in allen tieferen Überzeugungen", zur „Unsicherheit über die Werte und Ziele des Lebens", zur „Ratlosigkeit des Geistes" (VIII, 193f.). In dieser Situation machen es sich Dilthey wie Nietzsche zur Aufgabe, jenseits aller „metaphysischen Kathederphilosophie" (VIII, 196) und „staatlich anerkanntem Afterdenkerthum" (SE, 8–1, 421) die Philosophie aus der Erfahrung der veränderten Welt neu und tiefer zu begründen und die Menschheit „zu einer neuen Cultur fortzuentwickeln" (MA I, 24), „eine höhere Stufe als alle bisherigen zu erreichen" (VIII, 204).

Die neue Philosophie aus der Erfahrung der veränderten Welt kann selbst nur eine Philosophie der Erfahrung sein. Sie muß, so Dilthey *und* Nietzsche, auf alle methodischen Vorurteile – vor allem die überlieferten Vorbilder der systematischen Demonstration und naturwissenschaftlichen Induktion – verzichten und ihre Methoden aus der Sache selbst gewinnen, ohne darum zu unverbindlicher „Lebensphilosophie" zu werden, die „jede Anforderung an Begründung und Allgemeingültigkeit aufgibt" (V, 370).[5] Sie muß sich im Gegenteil auf breite wissenschaftliche Forschungen stützen, um den Erfahrungsgehalt ihrer Zeit aufzunehmen: Dilthey geht, immer schon mit dem Ziel einer neuen philosophischen Grundlegung, von geschichtlich-geisteswissenschaftlicher Forschung aus, ver-

---

[5] Seit Misch und Bollnow (1967) wird vor allem Dilthey hartnäckig unter dem Begriff „Lebensphilosophie" geführt. Dilthey faßt zwar Nietzsches Philosophie darunter, grenzt seine eigene aber davon ab (vgl. Johach 1974, 91 Anm. 164).

sucht sie in einer beschreibenden Psychologie zu fundieren, um von da aus zur „Philosophie der Philosophie" und ihrer Aufgabe einer Gestaltung der Zukunft durchzustoßen; Nietzsche orientiert sich, in einem vergleichbaren, von Dilthey zutreffend beschriebenen (VIII, 199) Phasenwechsel, zunächst an der Kunst, dann an den Erfahrungswissenschaften, vor allem einer Psychologie, die er ähnlich wie Dilthey „als Vorbereitung zu einer *Typenlehre* der Moral" (JGB, 186) konzipiert, um sie dann immer mehr „physiologisch" nachzurechnen (GM III, 13), und kommt schließlich in seiner dritten Phase zu einem konstruktiven Entwurf in der eigentümlich philosophischen Dimension.[6]

---

[6] Vgl. Ulmer 1962, der Nietzsches Werk am Leitfaden dieser Gliederung in drei Perioden systematisch interpretiert. Weniger hilfreich scheint mir seine Gliederung von Diltheys Schriften in die vier Gruppen A) „Entwicklung der eigenen philosophischen Grundstellung in Abhebung gegen die Metaphysik", B) „konkrete Bestimmungen der Struktur des Lebens", C) „Bestimmung des Lebens im Sinne von Geist", D) „Leben als Grundverhältnis des Menschen zur Welt als Totalität des Seins" (Ulmer 1978, 412–416) zu sein, da sie zwar wiederum einen Leitfaden für eine konsequente philosophische Interpretation abgibt, von den systematischen Arbeiten aber die historischen nicht abgrenzt, die Chronologie der Schriften durchkreuzt und ihre – zwar weitgehend, doch nicht nur zufällige (vgl. Bollnow 1982, 178–203) – buchmäßige Zusammenfassung nicht berücksichtigt. Ineichen 1975 gibt zwar eine chronologische Gliederung von Diltheys Werk nach Dezennien (bis 1880, 1880–1900, 1900–1911), bestimmt aber die Schwergewichte der Perioden ausschließlich aus seiner Perspektive der Erkenntnistheorie, die er – von seiner Orientierung an Kant her – in der zweiten Phase sogar in Gegensatz zur „psychologischen Begründung der Geisteswissenschaften" bringt (VII). Johach 1974, wiewohl entwicklungsgeschichtlich orientiert, vermeidet systematische Gewichtungen der Perioden. Heidegger beschränkt sich darauf, „die Forschungsarbeit Diltheys in drei Bezirke aufzuteilen", und zwar in „wissenschaftstheoretische, wissenschaftsgeschichtliche und hermeneutisch-psychologische Untersuchungen", die in der „Psychologie" zentrierten mit dem Ziel, „das ‚Leben' zum philosophischen Verständnis zu bringen" (SuZ, 398). In der Tat hat Dilthey von der „Einlei-

Im konstruktiven Entwurf bleibt weder Dilthey bei der Fundierung der Geisteswissenschaften noch Nietzsche beim Programm einer Kritik der Moral und Umwertung aller Werte stehen. Hier laufen ihre Bestrebungen am engsten zusammen: von verschiedenen Ansätzen her und mit verschiedenen Zielvorstellungen begründen sie ein im Kern gemeinsames neues Gefüge des Grundverhältnisses von Mensch und Welt, Geist und Natur, Denken und Sein aus den leitenden Begriffen von Wahrheit und Leben. Sofern aber Leben nicht nur Gegenstand, sondern zugleich auch Bedingung alles Wahrheitens ist, muß sich das Wahrheiten, das Erfassen von Wahrheit, in den Bedingungen seiner Möglichkeit *ontologisch* neu bestimmen: Dilthey und Nietzsche kommen zu einer neuen, die metaphysische überwindende Ontologie. Ihre Grundstruktur will ich hier darlegen, zunächst bei Dilthey, dann im Vergleich bei Nietzsche. Sie zeigt sich im Bedingt-Bedingend-Sein des Allgemeinen, im bedingten Wandel des Bedingenden.

2. *Möglichkeit der Ontologie nach Kant*

Ontologie ist „durch die kantische Kritik und ihre Auswirkungen derart verdächtig geworden, daß der bloße Name schon Unbehagen erweckt" (Hartmann 1924, 124). *Hartmann* selbst will hinter transzendentalphilosophi-

---

tung in die Geisteswissenschaften" an immer wechselnd oder gleichzeitig diese – freilich problematisch abgegrenzten – Bezirke bearbeitet, doch zeichnet sich deutlich eine Verschiebung des Schwergewichts von der geisteswissenschaftlichen Forschung über die Fundierung in der Psychologie zu einer systematischen Philosophie des Lebens ab, die die überlieferten Philosophien auf sich reduzieren kann.

sche Vorbehalte zu einer „natürlichen Einstellung“ zurückkehren und kommt zu einer unkritischen Ontologie, „welche sich anmaßt, von Dingen überhaupt synthetische Erkenntnisse a priori in einer systematischen Doktrin zu geben“ (KrV, A 247/B 303). *Kant* wiederum nennt, nicht zufällig in der *Kritik der Urteilskraft*, seine „reinen Verstandesbegriffe“ auch „transcendentale“ und „ontologische Prädicate“ (KU, Ak. Ausg. V, 181 f.). Begriffe wie Einheit, Realität, Substanz, Möglichkeit, Wirklichkeit gehören in der Tat zum klassischen Bestand der Ontologie, sind freilich für den kritischen Kant nicht mehr den Dingen, sondern nur „einer bloßen Analytik des Verstandes“ zu entnehmen. Die besondere Erfahrung des „Naturzwecks“, des „organisierten Wesens“, die aus der allgemeinen konstitutiven Theorie der Natur nicht zu „erklären“ (ebd. 360) ist, zwingt Kant, von einer „ganz anderen Ordnung der Dinge“ (ebd. 377) auszugehen und von ihr her die Bedingungen ihrer Beurteilung zu konstruieren: die nicht dem Ensemble der Kategorien angehörigen Begriffe von Ganzheit und Zweck sind heranzuziehen „in Beurtheilung der Dinge, deren Begriff als Naturzwecke unbezweifelt gegründet ist“ (ebd. 418). Angesichts der Schwierigkeit, sie zu denken, geht Kant „eine gewisse Zufälligkeit der Beschaffenheit“ unseres Verstandes auf (ebd. 406), der hier nur Entwürfe machen, aber nicht streng erkennen kann. Kant ist auf diese Weise selbst zu dem vorgestoßen, was heute eine „kritische“ oder „reflektierte Ontologie“ heißen kann: eine Bestimmung der allgemeinsten Ordnungen der Welt im ganzen und der sie leitenden Prinzipien, angestoßen durch Erfahrung und reflektiert an den vorausgesetzten „konstitutiven“ Bedingungen ihrer Erkenntnis. Das heißt: die philosophische Erkenntnis weiß die Erfahrung dieser Ordnungen durch sich, aber auch sich durch die Ordnungen bedingt; sie kann sie nur im Wechselspiel von transzendentalem Entwurf und Sacherfahrung erfassen und bewähren.

In diesem Wechselspiel bewegen sich *Husserls*, *Heideggers* und *Sartres* phänomenologische Ontologie der Lebenswelt und des menschlichen Daseins ebenso wie die analytische Ontologie der commitments und des Einzeldings bei *Quine* und *Strawson*. Als Fundamentalphilosophie zielt diese Ontologie weiterhin auf höchste Abstraktheit in der Erfahrung der Welt, sie sucht zu erfassen, was ich das ‚transzendentale Allgemeine' nennen will: die allgemeinste Struktur der erfahrenen Ordnungen der Welt und ihrer Abwandlungen, die Perspektive des gesamten Weltverstehens – in der Metaphysik etwa die Idee *Platons*, das Eidos *Aristoteles'*, das Ich-denke *Descartes'* und *Kants*, *Hegels* Begriff des Begriffs.

3. Phänomenologische Ontologie bei Dilthey

Zu seiner Ortung des transzendentalen Allgemeinen sieht sich *Dilthey* herausgefordert vor allem von der positivistischen Soziologie *Comtes*, der Transzendentalphilosophie *Kants* und der Psychologie *Humes*. Er nimmt *Comtes* Programm auf, den Zusammenhang der Welt – nicht nur der Natur, sondern auch der Gesellschaft – und des Wissens von ihr in den Wissenschaften zu begründen, überwindet aber dessen methodologische Voreingenommenheit in der Ontologie; er orientiert sich an *Kants* Programm strenger Allgemeingültigkeit des Wissens, sucht aber die Transzendentalphilosophie so zu begründen, daß sie die Ordnungen der Geschichte und der Gesellschaft nicht verfehlt; er schließt sich an *Humes* Programm an, die Realität des Wissens in der inneren Erfahrung zu begründen, will ihr zugleich aber Allgemeingültigkeit sichern.

Seine Idee einer „reinen Erfahrung“ (I, 123) weist, sofern sie „innere“ Strukturen in ihrer ursprünglichen Selbstgegebenheit (ohne Rückgriff auf hypothetische Konstruktionen) erfassen will, auf die Phänomenologie *Husserls*. Sein Interesse liegt jedoch weit stärker als bei Husserl, dessen Methodenbewußtsein Dilthey nicht erreicht, bei der ontologischen Orientierung. Er stellt sie unter den „Satz der Phänomenalität“ (V, 90) – „alles, was für mich da ist, (steht) unter der allgemeinsten Bedingung, Tatsache meines Bewußtseins zu sein“ –, den Begriff „Phänomenologie“ selbst aber gebraucht er im Sinne von Hegels *Phänomenologie des Geistes* für „die allmähliche Auflösung des Scheins“ (I, 146), wobei in seiner *Phänomenologie der Metaphysik* (I, 395) nicht wie bei *Hegel* der Geist aus dem Schein hervortritt, sondern die Metaphysik als Schein hinter der unmittelbaren Gewißheit reiner Erfahrung verschwindet (Riedel 1970, 26). Der Hegel, Dilthey und Husserl gemeinsame Gebrauch des Begriffs „Phänomenologie“ liegt darin, von der Erscheinung der Sache aus, soweit das systematisch möglich ist, nach den Ordnungen und Bedingungen ihres Erscheinens zu forschen. So sprechen auch Naturwissenschaftler von einer „phänomenologischen Theorie“, wenn sie makroskopische Gesetzmäßigkeiten beschreiben, ohne sie zunächst auf elementare Prozesse zurückführen zu können.
Diltheys *Ontologie* soll also ‚*phänomenologisch*‘ heißen, sofern sie die allgemeinsten Ordnungen der Welt aus der reinen Erfahrung der Strukturen und Auffassungsweisen des uns allein gegebenen „Seelenlebens“ zu gewinnen und sie zu allgemeingültigem Wissen zu erheben sucht. „Seelenleben“ ist der Inbegriff all dessen, was innerer Erfahrung, also jedem nur selbst zugänglich ist. Es soll ohne *Kants* hypothetische Konstruktionen zur Begründung der Erfahrung, den „apriorischen Bedingungen für unser

Denken“ (VII, 130) und der „Transzendenz der Subjektivität“ (VII, 334), unmittelbar erfahren und dem Philosophieren so „die ganze, volle unverstümmelte Erfahrung zugrunde gelegt“ werden (VIII, 171). Das Seelenleben ist zwar im einzelnen vielfach in biologisches, biographisches und soziales Leben verschränkt, zugleich aber Grund von dessen Sein – „Alle menschlichen Erzeugnisse entspringen aus dem Seelenleben und dessen Beziehungen zur äusseren Welt“ (V, 372) – und Grund seiner Erfahrung – „Von (dem Strukturzusammenhang des Seelenlebens) sind alle Einheitsbildungen und alle einzelnen Zusammenhänge umfaßt“ (V, 237f.) –, also zugleich ontische und transzendentale Bedingung von Welt, Welt im ganzen sein „Korrelat“ (VIII, 17).

4. *Diltheys Begriff des Lebens*

Die Struktur des uns allein zugänglichen Seelenlebens wird im *Begriff des Lebens* entfaltet. Ich führe seine Momente zunächst in ihrem abstrakten ontologischen Zusammenhang an. „Leben“ ist der Begriff eines „Ganzen, in sich Verschlungenen, Geheimnisvollen“ (VIII, 209), das, in sich vielfältig, in „Lebenseinheiten“ gegliedert ist, die miteinander zusammenhängen und wechselwirken. In seinem „beständig strömenden Fluß“ (VII, 280) der Zeitlichkeit unterworfen, überwindet es seine „beständige Korruptibilität“ (VII, 72), indem es sich auf „Aufgaben des Lebens“ (VII, 70) hin entwirft und sich so selbstbezüglich wird. Sein Selbstsein entspringt seiner „Teleologie“ (VII, 45): „Zweckmäßigkeit“, ein nur grob gefeilter Schlüsselbegriff von Diltheys Analytik des Seelenlebens, wird weder von der organischen Natur her als homöostatische Teleologie in der Erhaltung von Gleichgewichtszuständen, programmierte Teleologie der Ontogenese oder selektive Teleologie in der Erhaltung von Arten und Ökosystemen gedacht,[7] noch vom bewußt entscheidbaren Handeln her als Fähigkeit zu Verstehens- und Handlungsentwürfen, die sich im biographischen Lebensverlauf und in sozialen Systemen vielfach verschränken. Diese Momente kann der Begriff zwar aufnehmen, Dilthey denkt „Zweckmäßigkeit" jedoch zunächst phänomenologisch als „erlebte Grundeigenschaft" des Seelenlebens, „in Trieb, Lust und Schmerz erfahren" als „Tendenz", „in Befriedigung und Freude Lebenswerte hervorzubringen" (V, 210). Ohne jegliches telos a priori (V, 216) wird das Seelenleben von, ihm selbst dunklen Spannungen und Trieben angestoßen und zugleich von Entwürfen angezogen, die ihrerseits aus Spannungen und Trieben kommen. Sein ganzheitlicher Wirkungszusammenhang hält sich nur im Fortschreiten; ein „Zustand des Gleichgewichts" bleibt ein Grenzfall, der nur „auf Momente" eintreten kann (VII, 332), es hat zyklisch-progrediente Struktur. In seinem Fortschreiten spielen sich „feinere Differenzierungen" (V, 215) ein, und in seiner „zunehmenden Artikulation" (V, 217) wird sich das Seelenleben, sofern ihm Beziehungen zwischen Ganzem und Teilen aufgehen (VII, 220), bedeutsam. Es erwirbt und festigt „innere erlebbare" Strukturen (V, 373), die als Werte, bleibende Orientierungen des Verhaltens, erfahren werden. „Strukturzusammenhang, Zweckmäßigkeit, Lebenswert, seelische Artikulation, Ausbildung eines erworbenen seelischen Zusammenhangs und schöpferische Prozesse" in ihrer Beziehung zueinander faßt Dilthey als „Entwicklung" (V, 218), die sich, wiederum ohne vorgesetzten Zweck, „in mannig-

[7] Vgl. Toulmin 1981, 146: „differentiation within the general class of telic processes and phenomena".

fachen strukturellen Zusammenhängen" veräußerlicht, objektiviert (VII, 146). In ihrer objektivierten Gestalt wird die Entwicklung zur Geschichte (VII, 147), die dem Seelenleben einen je bedingten Spielraum der Freiheit läßt. Aus ihm kann es seine „müßige Ausbreitung (...) zu einer scharfen Spitze" zusammenfassen (VII, 202) und zur „Lebensgewalt" (V, 215), zur Kraft werden: in den „immer wiederkehrenden kernhaften Elementen" „Kampf, Arbeit, Bedürfnis, Befriedigung" „ist das Leben selber" (V, 131).

Der Begriff des Lebens kommt erst über seine abstrakte ontologische Rekonstruktion hinaus und, hegelisch gesprochen, in seine „Wahrheit", wenn er phänomenologisch aus der Selbstgegebenheit des Seelenlebens, als *Erleben* erfaßt wird. In seinem Vollzug gliedert und erfaßt sich das Seelenleben in Bedeutungseinheiten, die sich nach Merklichkeit, Umfang, Dauer und Bedeutsamkeit – jetzt im Sinne einer „Bindung für die Zukunft" (VII, 233) – unterscheiden: Erlebnissen. Sie wandeln sich in der beständig „fortrückenden Erfüllung mit Realität" (VI, 315) und, wenn sie vergangen und abgeschlossen sind, aufs neue in der vergegenwärtigenden Erinnerung (VII, 194). Die Festigkeit des Weltverstehens, die doch Bestand unserer alltäglichen Erfahrung ist, entspringt erst dem wechselseitigen Widerhalt von Fülle und Dauer des Erlebten auf der einen und dem Festhalten im Erleben auf der andern Seite, von „Inhaltlichkeit" und „Verhaltungsweisen" (VII, 21, 25). Aus dem „Fortgezogenwerden" (VII, 29) des vom Erlebten distanzierten Erlebens verstehen sich ursprünglich die Selbstbezüglichkeit, Freiheit und Geschichtlichkeit des Seelenlebens. In ihm differenzieren sich wie die Sache so auch das Erleben selbst: Dilthey nimmt die Gliederung Denken – Fühlen – Wollen als „empirischen Befund des Seelenlebens" (VII, 24) auf, iso-

liert sie jedoch nicht in abstrakte Vermögen, sondern arbeitet ihre wechselseitige Durchdringung im „Gefühlstriebleben“ (VIII, 20) heraus, in das auch das Denken eingebunden bleibt. Es kann sich darum prinzipiell nur begrenzt und bedingt durchsichtig werden.
In wiederholtem Fortgezogenwerden an verwandten Sachverläufen erwirbt das prinzipiell situationsgebundene und darum je singuläre Erleben Gewohnheiten, bleibende Strukturen, es wird charakteristisch, individuell. Das Individuum in der Eigenart seines Erlebens ist die offenbarste, erste und grundlegende Gestalt von relativer Festigkeit und Dauer. An seinem Werden stößt Dilthey auf die neue, für seine Ontologie grundlegende Struktur des bedingt-bedingenden Allgemeinen:

„Die Ausarbeitung unseres Seelenlebens“ vollzieht sich in „Bildungsprozessen (...), zusammengesetzteren Vorgängen in der Seele, sofern sie vom Zusammenhang des Seelenlebens aus erwirkt werden und nicht nur feste Vorstellungen unterscheiden, ineinssetzen, beziehen, in das Bewußtsein heben oder aus ihm verdrängen, sondern Veränderungen in diesen Wahrnehmungen oder Vorstellungen zur Folge haben. (...) Er besteht nicht nur in den Inhalten, sondern auch in den Verbindungen, die zwischen diesen Inhalten hergestellt sind. (...) Aus der Außenwelt stammt das Spiel der Reize, das sich im Seelenleben als Empfindung, Wahrnehmung, Vorstellung projiziert; die so entstehenden Veränderungen werden nach ihrem Werte für das Eigenleben im Mannigfachen der Gefühle erlebt und gemessen; dann werden von den Gefühlen aus Triebe, Begehrungen und Willensvorgänge in Bewegung gesetzt; entweder wird nun die Wirklichkeit dem Eigenleben angepaßt und so rückwärts vom Selbst aus die äußere Wirklichkeit beeinflußt, oder das Eigenleben fügt sich der harten und spröden Wirklichkeit.“ (VI, 145, 142f.)

Der seelische Strukturzusammenhang wird „erworben“, er entspringt seinen eignen Elementen und äußeren situativen Bedingungen zugleich und festigt sich in ihnen, so daß er seinerseits auf sie zurückwirkt, sie führt, gestaltet und seligiert. So schaffen sich Wassermassen ihr Flußbett, in dem sie geleitet werden: aber je nach ihrer Menge und Geschwindigkeit graben sie es tiefer und breiter oder schaffen sich, wie in südlichen Ländern, ein neues Bett oder versiegen ganz. Galt in der Metaphysik die Substanz als das beharrende Wesen, das sich – man denke an das aristotelische Eidos oder das cartesische Subjekt – im Durchsatz gleichgültiger Glieder – concreta bzw. cogitata – erhält, indem es ihre Gestalt und ihr Verhalten bestimmt und bedingt, so wandelt sich der erworbene Strukturzusammenhang, indem er bestimmt und bedingt, im Durchsatz je neuer, eigenbestimmter Erlebnisse selbst, selbst von ihnen bedingt ist. Die Substanz der Fluktuation, des Durchsatzes von Elementen, fluktuiert selbst, tauscht ihre Bestimmungen aus und bleibt doch gegenüber der Fluktuation der Elemente ein relativ Festes: sie zeigt sich in „allen menschlichen Erzeugnissen", die „aus dem Seelenleben entspringen", ich nenne sie, im Anklang an den Substanz-Begriff, *Fluktuanz.*[8] Dilthey behilft sich mit den

[8] Man hat die Auflösung des Substanzbegriffs bisher stets als Ablösung durch den Funktionsbegriff, d. h. als seine erkenntniskritische Aufhebung gedeutet (vor allem Cassirer 1910 und Rombach 1965/1966). Aber schon Leibniz hatte in einer logisch-ontologischen Reflexion des Wesensbegriffs die aristotelische Substanz-Akzidens- und die cartesische Substanz-Substanz-Relation destruiert und die Substanz als „Relation (eines) Relationsgefüges auf sich selbst" begriffen (Stegmaier 1977, 147–214, 210). Er hält jedoch an der a priori programmierten Bestimmtheit der Substanz fest, indem er sie immer schon als Ausdruck eines ursprünglichen Begriffs des Göttlichen versteht. Mit dem Fluktuanz-Begriff wird der Substanz-Begriff dagegen ohne eine solche metaphysische Prämisse ontologisch aufgehoben. Ein pointiertes Beispiel gibt die „Bewegung des Substanzbegriffs" selbst (Stegmaier 1977, 32–34), „die ausgeht von der Auseinandersetzung mit der Sache selbst, der Entfaltung mit anderen ontologischen Grundbegriffen und der Bestimmung durch die philosophische Tradition" (33), also unter wechselnden situativen,

„historischen Kategorien des Wesens und der Entwicklung. Wesen bezeichnet hier nur die Dauer in der Veränderung, und Entwicklung nur die durch das Gesetz eines zunehmenden erworbenen Zusammenhanges bestimmte Form des Verlaufes." (VII, 253) Im Zu-, aber auch Abnehmen, im Wandel des Wesens aus dem von ihm Bedingten liegt die Fluktuanz. Ihr entspringt, was Dilthey „Gestaltung" nennt:

> „Wo Struktur und auf sie gegründet erworbener Zusammenhang des Seelenlebens eine Konstanz des Lebens bilden, an der Veränderungen und Vergänglichkeit auftreten, da wird der Verlauf des Lebens in der Zeit nach den angegebenen Verhältnissen zur Gestaltung." (VII, 253)

Im Begriff der Gestaltung – die keine gezielte Herstellung meint – erfaßt Dilthey das Gebilde der fließenden Elemente in der Bindung durch ihre Fluktuanz. Dilthey stößt auf die ontologische Struktur der Fluktuanz, weil er von der spezifischen Beweglichkeit des Seelenlebens ausgeht, sie zugleich aber in festen Strukturen zu begründen sucht. An der beweglichen Festigkeit des Seelenlebens wird die Fluktuanz erst deutlich. *Husserl* dagegen bringt, trotz seines methodisch schärferen Ansatzes beim „Erlebnisstrom" (Hua IV, 92) – „Das Seelenleben ist nach Wesensnotwendigkeit ein Fluß." (133) – die „regionale Ontologie" (91) des Seelenlebens auf den Substanz-Begriff zurück, weil er es, im Anschluß an *Descartes, Leibniz* und *Kant* (103, 108), an den festen „Pol" des „reinen Ich" (97), das „numerisch identische Ichzentrum" (105), bindet.

---

nicht theoretisch deduzierbaren Bedingungen kontinuierlich, aber ungerichtet – d. h. auch nicht *notwendig* dialektisch – verläuft.

Das Allgemeine in der Struktur der Fluktuanz kann nicht abstrakt, d. h. nicht als logisches oder transzendentales Apriori des Verstandes gedacht werden, sondern ist in seinem bedingten Wandel immer nur zugleich aus seinen Bedingungen, die ihm nicht a priori verfügbar, sondern zufällig und nur begrenzt und bedingt durchsichtig sind, verständlich. Um hier schon Nietzsche heranzuziehen: „alle Begriffe, in denen sich ein ganzer Prozeß semiotisch zusammenfaßt, entziehen sich der Definition; definirbar ist nur Das, was keine Geschichte hat" (GM II, 13). Da das bedingte Allgemeine aber zugleich seine Bedingungen bedingt, sie seligiert und gestaltet, wirkt es selbst, ist es wirklich und gegenständlich (objektiv) und von anderem Gegenständlichen nicht prinzipiell zu unterscheiden, ist seiendes Allgemeines. Diltheys transzendentalphilosophisch gedachte „Kritik der historischen Vernunft" wird reflektierte Ontologie.

Darum läßt sich die *Wahrheit des Lebens* aus den Bedingungen des Lebens nicht lösen. Das *Erfassen der Wahrheit* – Erleben, Verstehen und Erklären – bleibt ebenso wie die darin erfaßte Wahrheit – der Aufbau der Welt – für Dilthey konsequent in der Struktur der Fluktuanz.

Das Erleben hat seine Objektivität im unmittelbaren „Innesein der Realität" (VII, 8). Für das Verstehen wandelt, gestaltet sich, in der Vermittlung mit dem Ausdruck im Medium des Allgemeinen, der „beständigen Wechselwirkung des Erlebnisses und des Begriffs" (V, 341), wie die Realität selbst so auch das Kriterium der Objektivität: zu einem Bei-der-Realität-Sein, das „an die Notwendigkeit des Nacherlebens" gebunden bleibt (V, 341). Das Verstehen, das sich im Zirkel des Wechselspiels von Entwurf und Erfahrung bewegt, hebt aus der „Lebenswirklichkeit in der Mannigfaltigkeit ihrer Bezüge" (VII, 141) allgemeine Gesichtspunkte heraus, die die Sacherfahrung leiten. Solches Allgemeine setzt das Erklären fest und konstruiert von ihm aus die Struktur der Sache unabhängig von situativen Bedingungen im Medium des Allgemeinen – soweit sie sich dem fügt.[9] Das Kriterium der Objektivität gestaltet sich so zum Sich-Halten der Sache im Medium des Allgemeinen, zur Allgemeingültigkeit fort. Auch das Allgemeine der Erklärung bleibt jedoch, wie wir heute wissen, aufgrund seines Ursprungs im Verstehen in der Struktur der Fluktuanz: seine Bewegung zeigt sich in den Schüben der Theoriendynamik.

Nur die Wahrheit der Philosophie versucht Dilthey dem Wandel zu entziehen. Sein Satz: „Alles Philosophieren ist nicht nur in diesem empirischen Bewußtsein (sc. der eigenen Lebendigkeit) gegründet, sondern es bleibt an dasselbe gebunden. Es kann nur interpretieren" (VIII, 141), soll nicht für die „Bildungslehre der philosophischen Systeme" (VIII, 143) gelten, die er zu aus spezifischen Lebensbedingungen entsprungenen Weltanschauungen herabsetzt. Seine „Philosophie der Philosophie" will dagegen, indem sie das „Bildungsgesetz" ihres Ursprungs im „einheitlichen und notwendigen Grund" (V, 339) einer „allgemeinen Menschennatur" zu erfassen sucht, einen apriorischen „Standpunkt über den Weltanschauungen" (V, 380) einnehmen. Schon mit der bloßen Erkenntnisabsicht fällt Dilthey hinter den Standard konsistenter Selbstbegründung zurück, den *Descartes* und *Kant* zum Maßstab aller Philosophie gemacht haben. Dilthey hat den Versuch nie aufgegeben, die Objektivität der Philosophie im Sinne von

[9] Das Hempel-Oppenheim-Schema der Erklärung baut also auf der auch in den Naturwissenschaften zunächst entscheidenden Findung der relevanten allgemeinen Obersätze auf: vgl. Scheibe 1970, 253–275.

Allgemeingültigkeit und Apriorität zu begründen, und dabei die Geschichtlichkeit der Objektivität entdeckt. Sie erreicht in der neuen Abstraktionsstufe der „Philosophie der Philosophie" einen hohen, vielleicht einen höchsten erreichbaren Grad der Festigkeit und so langfristigen Halt, daß er Apriorität überflüssig macht. Relativismus wird das nur nennen, wer sich weiter unbedingter, freilich von Dilthey als bodenlos erfahrener Apriorität versichern will.

Dem *„Aufbau der Welt"*, der sachlichen Seite der Wahrheit des Lebens, die der methodischen entspringt, legt Dilthey das in der alltäglichen Lebenserfahrung immer neu bewährte „Gerüst" ursprünglicher Weltbereiche zugrunde: er unterscheidet „Selbst", „fremde Personen" und „Dinge um uns" (VIII, 79f.); einen wesentlichen Bezug zum Göttlichen hält er für überholt (VIII, 91).[10] Die „dauernd fixierten Lebensäußerungen" (VII, 309) des Selbst und fremder Personen faßt er im Begriff des *objektiven Geistes* zusammen. Versteht Hegel den objektiven Geist so, daß sich dieser in seinen Äußerungen gegenständlich erfahren und sich darin bis zur Verzweiflung fremd werden, diese Entfremdung im notwendigen Gang seines Begreifens aber aufheben kann, so tritt für Dilthey das Mo-

---

[10] Für Ulmer, der die Gliederung dieser vier ursprünglichen „Weltbahnen" in den Mittelpunkt seiner „Philosophie der modernen Lebenswelt" (Ulmer 1972, 108–111) stellt, bleibt der Bezug zu einem Göttlichen etwas, das „notwendig zum All und zum Menschen gehört". Dilthey, der am Zeitgeist und an seinem persönlichen Atheismus auch gegen den starken Glauben des Grafen Yorck als „letzte Differenz" zu ihm festhält (Schulenburg 1923, 146, Brief vom Juni 1892), nimmt das Religiöse in einem sehr weiten Sinn in die „Menschennatur" als dem gleichgültigen Ursprung aller Erlebnisse zurück. In diesem Spielraum philosophischer Grundentscheidungen zeigt sich gerade die Geschichtlichkeit der Menschennatur.

ment der Entfremdung, aber auch das der Notwendigkeit des Begreifens zurück: der gegenständlich gewordene Geist kommt nicht notwendig zu einer endgültigen Wahrheit, bleibt aber deskriptiven hermeneutischen Bemühungen zugänglich. Die Natur dagegen, die Descartes für die Vernunft als berechenbare res extensa gesetzt hatte, wird in Diltheys Sinn unverständlich. Er geht dem freilich, wiewohl es sein Neuansatz forderte, nicht weiter nach. Für die Gliederung der „Objektivation des Lebens", deren Grundkonzept sich in Diltheys Werk durchhält, sucht er Anhaltspunkte in „Geschichtsschreibung" und „Statistik der Gegenwart" (I, 40). Darin zeichnen sich „Wirkungszusammenhänge verschiedener Personen zu gemeinsamer Leistung" ab, die „zu Realisierungen von Werten sich Regeln unterwerfen und sich Zwecke setzen" (VII, 153f.). Der Zweckzusammenhang der Leistung aber „löst sich von dem Vorgang, in welchem vom Subjekt der Zweck gesetzt wird", los, wird „selbständig wirkende Kraft" (VII, 257) von „eigener Struktur und Gesetzmäßigkeit" (VII, 85) und „eigener Entwicklung" (VII, 135). Geschichtlich-gesellschaftliche Wirkungszusammenhänge können also nicht auf bestimmte Individuen, sondern nur auf bestimmte Leistungen von Individuen bezogen werden; das Individuum ist nur „Kreuzungspunkt von Zusammenhängen, welche durch die Individuen hindurchgehen", und ist in ihnen austauschbar (VII, 135); die Netze der Wirkungszusammenhänge und die sie tragenden Gruppen bleiben gegeneinander beweglich. Sie haben aber, „wie das Individuum (...) einen Mittelpunkt in sich selbst" (VII, 154), sind selbst Individuen, eben weil sie sich – wie das einzelne Seelenleben – im Durchsatz je eigenbestimmter Individuen halten und wandeln. So lassen sich keine „unbedingten Werte" und Wertehierarchien in der Geschichte begründen (VII, 173); sie hat zwar „eine gemeinsame Tiefe, die keine Beschreibung erschöpft" (VII, 171), aber keinen letzten Grund der Einheit.

Die systematische Gliederung des objektiven Geistes in „äußere Organisationen der Gesellschaft" und „Systeme der Kultur" macht Dilthey am Grad der Objektivation fest, dem Spielraum, den die Festigkeit der Institutionen dem Handeln des Einzelnen läßt.[11] Zur Ausarbeitung einer näheren Ordnung reicht dieses – bei Dilthey selbst unscharfe – Kriterium jedoch nicht hin; Dilthey versucht die Wirkungszusammenhänge darum wieder in der „allgemeinen Menschennatur" zu fundieren, die Wissenschaften im Denken, die äußeren Organisationen im Wollen, die Kultursysteme im Fühlen (V, 376–378), und fällt damit hinter sein Prinzip fortrückender Gestaltung auch hier zurück:

---

[11] Wenn Johach 1974 den Unterschied der „äußeren Organisationen" – „Herrschafts- und Abhängigkeitsverhältnisse" in Staat und „Verbandsleben" (I, 64f.) – und der „Systeme der Kultur" – „Lebensreichtum des Individuums selber" (I, 49) in Kunst, Religion und Philosophie – so versteht, als läge er „zwischen den unmittelbar *handlungs*bezogenen Systemen und Organisationen auf der einen, den nicht (oder nicht unmittelbar) handlungsbezogenen, mehr auf theoretisches oder *expressives* Verhalten ausgerichteten Systemen der Kultur auf der anderen Seite" (73), so legt er einen sehr engen Handlungsbegriff an; auch Verstehen und Schaffen ist wohl Handeln. Johachs „Trennung zwischen Handlungs- und Symbolbereich" verdeckt auch Diltheys Wendung gegen Hegel. Hegel denkt den Schritt von den Institutionen der bürgerlichen Gesellschaft und des Staates zum absoluten Geist als fortschreitendes Konkreter-Werden des Allgemeinen und dessen Festigung als Stufe der Befreiung des Geistes – nicht der kunstschaffenden, religiösen, philosophierenden Individuen. Dilthey denkt dagegen von den Individuen her, die durch ihre Interaktionen Strukturen einspielen, die sie in verschiedenen – nicht hierarchisierbaren – Bereichen verschieden fest binden, stabiler objektivieren. Sein Kriterium liegt also im Handlungs-Spielraum der Individuen, nicht in der Art ihres Verhaltens. – Im ganzen fehlt bei Johach eine systematische Auseinandersetzung mit Hegels Begriff des objektiven Geistes; in seiner „Interpretation der Beziehung zwischen Dilthey und Hegel" (166–173) gibt er nur ein Forschungsreferat.

„Da nun diese Gesellschaft aus den strukturierten Individuen besteht, wirken sich in ihr dieselben strukturellen Regelmäßigkeiten aus. (…) Die einzelseelischen Regelmäßigkeiten formen sich um in solche des sozialen Lebens." (V, 375)

Die gesellschaftlichen Wirkungszusammenhänge entspringen zwar den Individuen, werden von ihnen getragen und verstanden, wirken aber aus ihrer eigentümlichen Struktur und Wirklichkeit auf sie zurück. Sie haben – was Dilthey ineinanderschiebt – nicht die reale, sondern die transzendentale Struktur gemeinsam, sie sind beide individuelle und geschichtliche, aber je verschieden bestimmte Allgemeine (Fluktuanzen).

6. Das transzendentale Allgemeine bei Dilthey

Ziehen wir eine Zwischensumme als Basis der Auseinandersetzung mit Nietzsche. Diltheys phänomenologische Ontologie des Seelenlebens, seiner Selbstgegebenheit und seiner Objektivation geht in die *transzendentale Struktur des Bedingt-Bedingend-Seins,* der Fluktuanz, zurück, des Allgemeinen, das aus den Elementen und situativen Bedingungen entspringt, diese von sich aus gestaltet und in dieser Gestaltung selbst sich wandelt. Die Bindung des Allgemeinen an seine individuellen Bedingungen, die Dilthey im Begriff des Lebens faßt, betrifft nicht nur das hermeneutische Verfahren, sondern die Grundverfassung des Menschen und seiner Welt überhaupt. Die Verschränkung eigenbestimmter Elemente läßt sich nicht auf einen unbedingten letzten Grund zurückführen, das Allgemeine bleibt beweglich und in seiner Bewegung ungerichtet; sie hat nicht einmal einen unbeweglichen Anfang: die Anfangsbedingungen können sich auflösen in der „Berichtigung der Grundlage der zuerst gewonnenen Wahrheiten durch spätere Wahrheiten" (VII, 275).[12]

7. *Spekulative Ontologie bei Nietzsche*

Wozu Dilthey tastend vordringt, spricht *Nietzsche*[13] entschieden aus:

„Was uns ebenso von Kant, wie von Plato und Leibnitz trennt: wir glauben an das Werden allein auch im Geistigen, wir sind *historisch* durch und durch. Dies ist der große Umschwung." (VII, 34 [73] – 11, 442)

---

[12] Gadamer 1965, 205–228, wirft Dilthey vor, er bleibe mit dem Postulat der „Identität von Bewußtsein und Geist" im Erleben (209) dem „spekulativen Idealismus" Hegels (214) und damit einer Tendenz zum absoluten Geist (216) und zugleich mit seinem Streben nach Festigkeit und Objektivität einem „unaufgelösten Cartesianismus" (224) endgültiger wissenschaftlicher Aufklärung verhaftet. Er verfehle so den prinzipiellen Geschehenscharakter des Verstehens und damit seine ursprüngliche, nicht an ein Ziel zu bindende Geschichtlichkeit. Die starke Annäherung an Hegel, die einer gründlicheren Überprüfung bedarf, als ich sie hier ausführen kann, beruft sich wie der Vorwurf des Cartesianismus darauf, daß Dilthey an der Offenbarkeit und Verständlichkeit des Seelenlebens und der Welt festhält. Doch Dilthey besteht zugleich gegen Descartes und Hegel auf der Bedingtheit des Verstehens und der prinzipiell begrenzten Durchsichtigkeit des Erlebten, über die sich die „Idee" (nicht ein individuelles Erleben) des metaphysischen Idealismus hinwegsetzt. Dilthey geht nicht überhaupt „idealistisch" auf Festes aus, sondern auf die Begründung *des* Festen, das sich in aller Beweglichkeit des Erlebens, Verstehens und des objektiven Geistes unabweisbar zeigt. Sein Streben, die Objektivität des Erlebens und Lebens zu begründen, behält auch in einer nicht-metaphysischen Orientierung ihr Recht, auch wenn sie sich zuletzt – zu Unrecht, weil inkonsistent – in einer nicht mehr dem Wandel unterworfenen Philosophie einer allgemeinen Menschennatur und in dieser allgemeinen Menschennatur eines endgültigen Bodens aller Objektivationen rückzuversichern versucht.

[13] Lotz 1967, 174–211, fügt Nietzsches Philosophie in eine Ontologie neo-scholastischen Zuschnitts ein. Im Resultat – „Nietzsche überhöht den Menschen zum Übermenschen, die Zeit zur Ewigkeit, das Werden

„Die Philosophie, so wie ich sie allein noch gelten lasse, als die allgemeinste Form der Historie, als Versuch das Heraklitische Werden irgendwie zu beschreiben und in Zeichen abzukürzen (in einer Art von scheinbarem Schein gleichsam zu *übersetzen* und zu mumisiren)." (VII, 36 [27] – 11, 562)

Ein einziges mumisiertes Zeichensystem, ein „scheinbarer Schein" ist ihm die fest gefügte Welt der Metaphysik, Moral und Religion, der er radikal auf den Grund ihres Werdens gehen will. Seine „Genealogie"[14] läßt keine Vorgaben gelten, auch nicht methodischer Art, die „neue Aufklärung" (VII, 25 [296] – 11, 86) gewinnt die Leitlinien der Konstruktion und der Kritik der Sache wechselweise auseinander. Das „Gesamtproblem des Lebens" (EH, Warum ich so weise bin, 1), vor das sich Nietzsche wie Dilthey stellt, verbietet ihm auch noch eine Beschränkung auf innere Erfahrung, als sei es

„methodisch geboten, von der ‚inneren Welt', von den ‚Thatsachen des Bewußtseins' auszugehen, weil sie die *uns bekanntere* Welt sei! Irrthum der Irrthümer!" (FW, 355) – „als ob es ‚Thatsachen des Bewußtseins' gäbe – und keinen Phänomenalismus in der Selbst-Beobachtung" (VIII, 2 [204] – 12, 167).

Nietzsche versteht Diltheys erkenntniskritische Devise: „Hinter das Leben kann das Erkennen nicht zurückgehen" (VIII, 180) von Anfang an ontologisch:

---

zum Sein; dabei aber bleibt das Sein Werden, die Ewigkeit Zeit, der Übermensch Mensch" (204) – teilt dann die christliche Philosophie „mit Nietzsche die *Grundabsicht* und auch den *Ausgangspunkt*" (207), nämlich „das Endliche in seiner Endlichkeit mit allen Attributen des Unendlichen aus(zustatten)" (206). Was Nietzsche so neu eröffnet, wird „in der Scholastik aber folgerichtig bis zum Ende entfaltet" (210), bis zum „tiefsten Aufleuchten der Wahrheit" (211). Eine ontologische Interpretation dieser Art ist in der vorliegenden Abhandlung nicht beabsichtigt.

[14] Den Begriff der Genealogie gegenüber dem der Historie entwickelt gut Foucault 1978, 83–109.

„Das Erkennen setzt das Leben voraus, hat also an der Erhaltung des Lebens dasselbe Interesse, welches jedes Wesen an seiner eignen Fortexistenz hat." (HL, 10–1, 331)

Leben ist für Nietzsche nicht die grundlegende Strukturbedingung des Erkennens, auf die es sich in der rechten Weise einzulassen gilt, sondern seine Existenzbedingung, die es im eigenen Interesse als ursprünglichere Wirklichkeit anzuerkennen hat. Das Erkennen erfaßt im Leben seinen Grund als „die höhere, die herrschende Gewalt" (ebd. 330), dergegenüber es sich auch als Bedingung der Möglichkeit ihres Gegebenseins nicht halten kann. Nietzsche greift mit dem Begriff des Lebens durch das Seelenleben auf das es umgreifende Weltgeschehen hinaus und macht ihn so zum spekulativen Begriff, der, in *Hegels* Sinn, ohne dogmatische und methodische Vorbehalte – auch den einer dialektischen „Methode" – der Sache im Ganzen ihrer Wirklichkeit aus dem Hervortreten ihrer Gegensätze, ihrem Kritisch-Werden, auf den tiefsten Grund geht.[15]

8. Nietzsches Begriff des Lebens und des Willens zur Macht

Während Dilthey den „immanent-teleologischen Charakter" des *Lebens*, seine zyklisch-progrediente Struktur her-

[15] Zu Hegels nicht entschieden bestimmtem, aber klar umrissenem Begriff des Spekulativen vgl. seine Vorrede zur „Phänomenologie des Geistes" (Theorie-Werkausgabe, Bd. 3, 55) und die „Enzyklopädie" (1830), §§ 9, 82, und Wohlfart 1981, 71–74. – Bei Nietzsche finden sich zwar Anklänge an die hegelsche Dialektik (z. B. GM II, 10; III, 27; AC, 32), von regelrechter dialektischer „Methode" kann jedoch bei ihm noch weniger als bei Hegel selbst die Rede sein. Die Maßstäbe seiner Überwindungen entspringen allein der Auseinandersetzung des Überwindenden mit dem Überwundenen.

ausarbeitet, betont Nietzsche seinen Machtcharakter, im frühen Werk seine Eigenmacht in der Selbsterhaltung, dann immer schärfer seine Macht über anderes, insofern es „*essentiell*, nämlich in seinen Grundfunktionen verletzend, vergewaltigend, ausbeutend, vernichtend fungirt und gar nicht gedacht werden kann ohne diesen Charakter" (GM II, 11). Er entscheidet das Wesen des Lebens spekulativ in den Grundcharakter der Überwindung. Überwindung heißt „*Wille zur Macht*" und ist „das letzte Factum, zu dem wir hinunterkommen" (VII, 40 [61] – 11, 661): uns ist „keine *Veränderung* vorstellbar, bei der es nicht einen Willen zur Macht giebt" (VIII, 14 [81] – 13, 260). Die Begriffe „Wille" und „Macht" explizieren einander in einer Art Hendiadyoin. „Macht" nimmt „Willen" das Moment des Vermögens, das auch untätig bleiben kann, „Wille" dem Wort „Macht" das Moment selbstzufriedenen Besitzens, beide zusammen bedeuten „essentiell ein Streben nach Mehr von Macht" (VIII, 14 [82] – 13, 262) (Kaulbach 1980, 231 f.; Gerhardt 1981/1982, 193 bis 209). So wenig wie „Leben" biologischen und „Macht" soziologischen hat „Wille" für Nietzsche also psychologischen Sinn. Wie Dilthey zu glauben, „Wollen sei etwas Einfaches, schlechthin Gegebenes, Unableitbares, An-sich-Verständliches" (FW, 127), das sich in einer „allgemeinen Menschennatur" als Ursprung der Vorstellungen (I, XIX), des Glaubens an die Außenwelt (V, 135), der äußeren Organisationen (I, 43) festhalten ließe, heißt, ein „Volks-Vorurtheil" zu übernehmen (JGB, 19) und an „magisch wirkende Kräfte" zu glauben (FW, 127). „Wollen scheint mir vor Allem etwas *Complicirtes*, Etwas, das nur als Wort eine Einheit ist" (JGB, 19); es resultiert aus einer Vielheit heterogener „Machtquanten" (VIII, 14 [95] – 13, 273), deren Antagonismus, der Grund alles Geschehens, prinzipiell undurchsichtig bleibt, sich also wieder-

um nicht zum einheitlichen und unbedingten metaphysischen Prinzip erheben läßt.[16]
Wie Dilthey aus dem Strom der Erlebnisse, so versteht Nietzsche aus dem Antagonismus der Machtquanten die Festigung der gewohnten Welt:

„Das Ganze der organischen Welt ist die Aneinanderfädelung von Wesen mit erdichteten kleinen Welten um sich: indem sie ihre Kraft, ihre Begierden, ihre Gewohnheiten in den Erfahrungen außer sich heraus setzen, als ihre *Außenwelt.* Die Fähigkeit zum Schaffen (Gestalten Erfinden Erdichten) ist ihre Grundfähigkeit: von sich selber haben sie natürlich ebenfalls nur eine solche falsche erdichtete vereinfachte Vorstellung.
‚Ein Wesen mit der Gewohnheit zu einer Art von Regel im Traume' – das ist ein lebendiges Wesen. Ungeheure Mengen solcher Gewohnheiten sind schließlich so hart geworden, daß auf ihnen hin *Gattungen* leben. Wahrscheinlich stehen sie in einem günstigen Verhältniß zu den Existenz-Bedingungen solcher Wesen." (VII, 34 [247] – 11, 503)

Die Festigung der gewohnten Welt entspringt dem Hart-Werden der Gewohnheiten von Wesen, die sich eine Außenwelt schaffen, indem sie anderes überwältigen, aneignen, sich dienstbar machen, *interpretieren*; „*Wesen* alles Interpretirens" ist dieses „Vergewaltigen,... Abkürzen, ... Ausdichten, Umfälschen" (GM, III, 24). Umgekehrt setzt „der organische Prozeß (...) fortwährendes *Interpretiren* voraus" (VIII, 2 [148] – 12, 140). Auch die Philosophie „schafft immer die Welt nach ihrem Bilde, sie kann nicht anders; Philosophie ist dieser tyrannische Trieb

[16] Durch Müller-Lauters philologisch breit fundierte philosophische Aufklärung des Willens zur Macht als einer unidentifizierbaren Vielheit einander überwältigender Machtquanten ist Heideggers Deutung des Willens zur Macht als eines einheitlichen unbedingten Grundes und von daher Nietzsches als des „Vollenders der Metaphysik" der Boden entzogen (Müller-Lauter 1971, 10–33).

selbst, der geistigste Wille zur Macht, zur ‚Schaffung der Welt', zur causa prima" (JGB, 9). Nietzsches „Versuch einer neuen Auslegung alles Geschehens" als Auslegung (VII, 39 [1] und 40 [2] – 11, 619 u. 629), seine Interpretation des Willens zur Macht als Interpretation, holt seine spekulative Ontologie auf das Niveau einer reflektierten zurück, in ihr erreicht sie ihre konsistente Selbstbegründung.[17] Sie „*glaubt* an das Werden", hat also auch nur eine „erdichtete vereinfachte Vorstellung" von sich, eine „Abkürzung" und „Übersetzung", die „wahrscheinlich" in einem günstigen Verhältnis zu ihren Existenz-Bedingungen steht. Nietzsche gibt allen Anspruch auf Allgemeingültigkeit und Apriorität auf, er besteht auf dem „scheinbaren Schein" aller Festigung, die nur „Wahrscheinliches", keinen festen Boden findet,[18] eine „Regel im Traume", aus dem man „nur zum Bewußtsein (erwacht), daß

---

[17] Die Selbstaufhebung der spekulativen Ontologie des Willens zur Macht in seine Interpretation als Interpretation stellt keinen Freibrief für Beliebigkeit aus; sie läßt ihre bedingenden Prämissen nicht zurück. Wohl aber läßt sie das Experiment einer Umkehrung zu, nämlich von Nietzsches „Erkenntnistheorie" aus seine Ontologie zu rekonstruieren: „The will to power as an ontological model is to be properly viewed from the perspective of Nietzsche's epistemology – (...) (as) a model which is very useful in supporting the epistemological claim that there is no stable, perduring world *of* which we have knowledge." (Grimm 1977, 192) Doch auch Grimm kann die „Erkenntnistheorie", die er gegen Nietzsches ausdrücklichen Widerstand freisetzt, nur von der ontologischen Basis der „world as will to power" her entwickeln.

[18] Von hier aus leitet Foucault 1978, 96–109, das Programm einer antihistorischen und anti-diltheyschen „wirklichen Historie" ab, die nicht nur „auf jedes Absolute verzichtet" (96), sondern auch nicht mehr „die Vielfalt der Zeit in eine geschlossene Totalität einbringen und auf einen Nenner bringen will, (...) uns überall selbst wiedererkennen läßt und in allen Verschiebungen Versöhnungen sieht" (96), die im Gegenteil „alle Diskontinuitäten sichtbar machen" (106) und „mit zersetzendem Blick (...) auch sich selber auflösen und die Einheit jedes menschlichen Wesens auslöschen kann" (96 f.).

(man) eben träumt und daß (man) weiterträumen *muß*, um nicht zu Grunde zu gehen":

„Schein ist für mich das Wirkende und Lebende selber, das soweit in seiner Selbstverspottung geht, mich fühlen zu lassen, daß hier Schein und Irrlicht und Geistertanz und nichts Mehr ist." (FW, 54)

Der Wert aller Werte, der Moral in Nietzsches weitem Sinn der Bindung alles Verhaltens: also der sozialen Konventionen und Institutionen, der Religion, der Begriffe der überlieferten Philosophie, der Gesetze der Naturwissenschaften, der Sprache und selbst der Logik, geht auf das „*Bedürfniss* nach Glauben, Halt, Rückgrat, Rückhalt" (FW, 347) zurück, alle Wertschätzungen sind „Vermoralisierungen" (VIII, 10 [2] – 12, 453):

„Hier ist die *moralische Ontologie* das *herrschende* Vorurtheil." (VIII 7 [4] – 12, 265)

9. *Wahrheit des Lebens bei Nietzsche*

In der Illusion aller Weltorientierung, der nichtsdestoweniger unentbehrlichen „beständigen Fälschung der Welt" (JGB, 4), ist der *Leib* die Mitte, in der Nietzsches konstruktiver Entwurf selbst sich hält: „der Leib, *das heisst das Leben*" (EH, zu M, 2–6, 331). Der Leib ist, wie für Dilthey das Seelenleben, die Gestalt, in der dem Menschen die Welt und er selbst sich zuerst begegnet, der alles Erfahren unaufhebbar bedingt, aber das viel längerfristig sich haltende und „viel reichere Phänomen, welches deutlichere Beobachtung zuläßt" als das Seelenleben (VII, 40 [15] – 11, 635). Auch er bleibt nur ein „Gleichniß" vom Zusammenwirken „jener kleinsten lebendigen Wesen, welche unseren Leib constituiren" (VII, 37 [4] – 11, 577); doch unter den „Stufen der Scheinbarkeit" (JGB, 34) ist „der Glaube an den Leib (...) besser festgestellt als der Glaube an den Geist" (VII, 40 [15] – 11, 635). Philosophie, als ein abkünftiges Phänomen, dürfte, „im Großen gerechnet, (...) bisher überhaupt nur eine Auslegung des Leibes und ein *Missverständniss des Leibes* gewesen (sein)" (FW, Vorr. 2), des ‚eigentlichen' ‚Thatbestands' (vgl. GM II, 12; III, 16). Dem Geist kommt nur eine arbeitsteilige Funktion als Werkzeug in der hochkomplizierten Selbstorganisation des Leibes zu, der ihm, seinem jüngsten, „ärmlichsten und fehlgreifendsten Organ" (GM II, 16), im Interesse seiner Instinkt-Sicherheit und Reaktions-Geschwindigkeit nur eine sehr begrenzte Auswahl bereits vereinfachter Erlebnisse vorlegt, die er auf seine Weise weiterverarbeitet (VII, 37 [4] – 11, 576–578). Nietzsche bestreitet der Vernunft ihre Selbstherrlichkeit nicht nur, indem er sie in das Gefühlstriebleben einbettet, sondern „dreht die Rangordnung um" (VII, 7 [126] – 10, 285).[19] Der *Leiblichkeit des Geistes*, die Nietzsche wie Dilthey, aber auch er nur gelegentlich, im Begriff des Selbst faßt und die er in eine weitverzweigte Physiologie des Denkens und der Moral entfaltet, entspricht die *Geistigkeit des Leibes*. Als Werkzeug wird der Geist zwar vom Leib geführt, wirkt aber auch eigenmächtig auf ihn zurück, gestaltet ihn in Gang, Gestik, Mimik, Sprache, in seinen

[19] Dilthey stößt in seiner Abhandlung über den „Ursprung unseres Glaubens an die Realität der Außenwelt und seinem Recht" (1890) zwar auf die leibliche Vermittlung der Realitätserfahrung und damit auf die Leiberfahrung selbst (V, 105–108), geht jedoch nicht vom Seelenleben auf den „Körper" als seine oder eine seiner Bedingungen über, sondern bleibt konsequent bei der phänomenologischen Analyse der Leiberfahrung, dem „erworbenen Zusammenhang der Vorstellungen *über* unsere fühlbaren Organe" (107, W. S.).

Gewohnheiten und Einstellungen, seinen Idealen und Ressentiments, kurz in seiner „einverleibten" Moral. In der Einverleibung erwirbt alles bewußt Entdeckte erst die Abgemessenheit und Sicherheit des Instinkts (FW, 11), seine „*Kraft* (...) als Lebensbedingung" (FW, 110). Diltheys objektiver Geist wird für Nietzsche Teil eines einverleibten Haltungsgefüges, eines – wenn der Ausdruck erlaubt ist – *objektiven Leibes.*

Eine Gliederung der Welt kann und will Nietzsche von hier aus nicht entwerfen. Er zielt auf die Möglichkeit und die Struktur der Wahrheit selbst. Die Kriterien des Wahrheitens werden nicht mehr von der Sache her, sondern aus der Wahrheitsfähigkeit des objektiven Leibes entschieden. Nietzsche redet physiologisch von der Wahrheit. Sie ist zunächst Sache des Geschmacks, einer Fähigkeit genauer und sicherer Einschätzung ohne alle Beweise und Widerlegungen (FW, 39), dann der Gesundheit: „Wieviel Wahrheit *erträgt*, wieviel Wahrheit *wagt* ein Geist?" (EH, Vorr. 3) Der Geist, als geistiger Wille zur Macht, kann bei begrenzter „Verdauungskraft" sich willkürlich abschließen, aber auch im „Selbstgenuss an der Willkürlichkeit (solcher) Machtäusserungen" mit „ausschweifender Redlichkeit" dem „Willen zum Schein" entgegenwirken und in langer Übung „hart (werden) in der Zucht der Wissenschaft" (JGB, 230). Er kann zu einer „*grossen* Gesundheit" kommen, die „sich dem Abenteuer anbieten" darf (MA, Vorr. 4) und auch schwere Anfechtungen zu überwinden geübt ist, zu einem „höheren Leib", der tanzen kann, der

„ein stolzes, in allen Muskeln zuckendes Bewusstsein davon (hat), *was* da endlich errungen und in ihm leibhaft geworden ist, ein eigentliches Macht- und Freiheitsbewusstsein, ein Vollendungs-Gefühl des Menschen überhaupt" (GM II, 2).

10. Das transzendentale Allgemeine bei Dilthey und Nietzsche

Nietzsches spekulative Ontologie führt zu eben der *Grundstruktur des Verhältnisses von Wahrheit und Leben* wie die phänomenologische Ontologie Diltheys. Nietzsche erklärt, was wir das Bedingt-Bedingend-Sein der Fluktuanz nannten, zum „Haupt-Gesichtspunkt der historischen Methodik" (GM II, 12):

> „Die Form ist flüssig, der ‚Sinn' ist es aber noch mehr... Selbst innerhalb jedes einzelnen Organismus steht es nicht anders: mit jedem wesentlichen Wachsthum des Ganzen verschiebt sich auch der ‚Sinn' der einzelnen Organe (...). Auch (...) das Verlustiggehn von Sinn und Zweckmässigkeit, kurz der Tod gehört zu den Bedingungen des wirklichen progressus."
> „Die Welt, die *uns etwas angeht*, ist falsch d. h. ist kein Thatbestand, sondern (...) ‚im Flusse', als etwas Werdendes, als eine sich immer neu verschiebende Falschheit, die sich niemals der Wahrheit nähert: denn – es giebt keine ‚Wahrheit'." (VIII, 2 [108] – 12, 114)

Diltheys erworbene Strukturzusammenhänge erscheinen bei Nietzsche als Interpretationsgewohnheiten, als „Perspektiven", „spezifische Art(en) von Aktion auf die Welt, ausgehend von einem Centrum" (VIII, 14 [184] – 13, 371), und in der Betrachtung des Lebensverlaufs kommt auch Dilthey zu einer ähnlichen Formulierung: „Beständig wechselt unsere Auffassung von der Bedeutung des Lebens." (VII, 233) Perspektiven entspringen einer „Aufeinanderfolge von (...) Überwältigungsprozessen" und verschieben sich in „einer fortgesetzten Zeichen-Kette von immer neuen Interpretationen und Zurechtmachungen" (GM II, 12), die – so Dilthey (VII, 291) – durch „die Kontinuität der schaffenden Kraft" zusammenhängen. Die Geschichte hat darin keinen Grund und kein Ziel und doch, in den Überwindungen ihrer „zweitausendjährigen Zucht zur Wahrheit“ (GM III, 27) „Stufen der Befreiung“ (MA I, 20) – für Dilthey macht das „*historische Bewußtsein* von der *Endlichkeit* jeder geschichtlichen Erscheinung (...) den letzten Schritt zur Befreiung des Menschen“ (VII, 290).[20]

Auf der letzten – in Nietzsches Sinn der jüngsten – Stufe der Befreiung, die er selbst erst erringt, hat er „es jetzt in der Hand, (...) *Perspektiven umzustellen*“ (EH, Warum ich so weise bin, 1). Darin sieht er *sein* Kriterium der Objektivität:

„Du solltest die *nothwendige* Ungerechtigkeit in jedem Für und Wider begreifen lernen, die Ungerechtigkeit als unablösbar vom Leben, das Leben selbst als *bedingt* durch das Perspektivische und seine Ungerechtigkeit.“ (MA, Vorr. 6)

„Perspektiven umstellen“ heißt „Gerechtigkeit“ üben, sich um Sachangemessenheit im Hinblick auf das Ganze der „Perspektiven-Optik des Lebens“ (JGB, 11) bemühen. Indem man „viele Für und Wider“ fühlt, „erhebt (man) sich zur *Gerechtigkeit*“, der – nun aus dem Charak-

---

[20] Nietzsche nimmt jedoch entschiedener den Bedeutungswandel an als Dilthey, der das Ziel, ein Ganzes in seiner ganzen Bedeutung zu erfassen, nicht rückhaltlos aufgibt: „Man müßte das Ende der Geschichte erst abwarten, um für die Bestimmung ihrer Bedeutung das vollständige Material zu besitzen.“ (VII, 233) Insofern kritisiert Gadamer 1965, 228, zu Recht, „daß bei Dilthey die Geschichtlichkeit der geschichtlichen Erfahrung nicht wahrhaft bestimmend wurde“. Für Ulmer 1971, 27, geht auch Nietzsche in „seiner Suche nach einer die Substanz übersteigenden Bewegungsstruktur“ noch nicht radikal genug vor. Er habe zwar einen entscheidenden Schritt getan, aber „noch kein grundsätzlich neues Feld der ontologischen Struktur“ gewonnen, das Ulmer erst mit seiner Gliederung des Weltverstehens in gleichursprüngliche und miteinander verschränkte Bahnen, Arten und Horizonte eröffnet sieht (vgl. Ulmer 1972, §§ 2–5, 15–20, und Stegmaier 1982, 623f.).

ter des Lebens selbst gewonnenen – „großen Methode der *Erkenntniß*“ (VII, 26 [119] – 11, 182); man wird, im physiologischen Bilde geredet, zum Seiltänzer, der sich hält, indem er Halt balanciert, sich auf ihn stützt, indem er ihn aufhebt (FW 347).[21]

11. Nietzsches Prinzip der Steigerung

Aber auch Nietzsche geht über seine konsequente Entfaltung der Fluktuanz hinaus. Der „Schule Darwins“ wirft er vor, die Beweglichkeit des Allgemeinen, die sie in der Entwicklung der Arten entdeckt hat, an die moralisch insinuierte Teleologie der Selbsterhaltung der Arten zu binden, und stellt ihr sein Prinzip der *Steigerung* entgegen. Der phänomenale Befund des Menschen, der mit den Prinzipien des Darwinismus nicht mehr zu erfassen ist – „Darwin hat den Geist vergessen“ (GD, Streifzüge, 14) –, zeigt ihn einerseits auf der Suche nach Halt, Rückhalt, Ausgleich, Einigung, andererseits aber auch nach „einem *potenzirten* Leben, dem Leben in der Gefahr“ (VIII, 15 [94] – 13, 463). Beide kommen aus dem Willen zur Macht, der Halt *und* Steigerung will, und Halt und Steigerung

[21] Kaulbach 1980, 168 stellt die Gerechtigkeit in der Entscheidung über Weltperspektiven in den Mittelpunkt seiner Nietzsche-Interpretation. Er überträgt Nietzsches Forderung, auf den Versuch hin zu leben, um den Nihilismus überwinden zu lernen, von der einmaligen geschichtlichen Situation – dem „moralischen Interregnum“ (M, 453) – auf das Handeln überhaupt und gibt ihr so einen „pädagogischen Einschlag“. Das Richter-Modell, das Kaulbach von Kant aufnimmt und nach dem nun jedermann von unangefochtener Warte aus Weltperspektiven auf ihre Lebenstauglichkeit hin überprüfen soll, versagt jedoch bei Nietzsche: die ins Experiment eintretende Perspektive hält sich im Experiment – wenn es um Selbstüberwindung gehen soll – selbst nicht, sie kann nur den Halt geben, der im Experiment gerade überwunden werden soll.

bedingen einander. Halt wird erst durch Überwindung, Überwindung erst auf Grund eines Haltes möglich, von dem sie sich abstützen kann. Halt kann ebenso wie als Mittel der Steigerung auch als Zweck verstanden werden, sofern ein Sich-Halten nämlich unter ständig sich wandelnden Lebensbedingungen nur durch ständige Erneuerung – Steigerung – möglich ist. Nietzsche nimmt ein Sich-Zufrieden-Geben der Überwindung, ihre mögliche Abwandlung in den Halt auch und gerade im menschlichen Leben nicht hin, er besteht auf einem *Ursprünglichen*, einem noch in seinen vermittelten Gestalten aggressiven Willen zur Macht. Er behauptet den „principiellen Vorrang (der) spontanen, angreifenden, übergreifenden, neu-auslegenden, neu-richtenden und gestaltenden Kräfte" (GM II, 12).[22]

Und er richtet den Menschen nicht nur überhaupt auf Steigerung, sondern auch die Steigerung selbst auf die Rückgewinnung des ursprünglich tierischen Leibes aus, die „eigentlichen und unablöslichen Thier-Instinkte" (GM II, 22). In der radikalen Kritik und Negation der „moralischen Ontologie" hat er nur mehr den „viel höheren biologischen Werth" der „Aktiven, Starken, Spontanen, Aggressiven" (GM II, 11) vor sich. Die Metaphern sind hier nicht mehr von der Sache zu unterscheiden: zwar

[22] Von hier aus ist nach Abel 1981/1982, 367–384, die ewig umstrittene ewige Wiederkehr des Gleichen als immer neues Sich-Aufbauen und Zusammenbrechen von Kraft-Maxima zu verstehen. Nietzsches naturwissenschaftliche und ethische Deutungsansätze laufen im „ökonomischen" zusammen: „– mechanistisch betrachtet, bleibt die Energie des Gesamtwerdens constant; ökonomisch betrachtet, steigt sie bis zu einem Höhepunkt und sinkt von ihm wieder herab in einem ewigen Kreislauf; dieser ‚Wille zur Macht' drückt sich in der *Ausdeutung*, in der *Art* des *Kraftverbrauchs* aus – Verwandlung der Energie in Leben und Leben in höchster Potenz erscheint demnach als Ziel" (VIII, 10 [138] – 12, 535).

will Nietzsche die gesteigerten Leidenschaften der „Wollust, Herrschsucht, Selbstsucht" (Za III, Von den drei Bösen, 1) in „die Herrschaft über die Leidenschaften" eingebunden und zu „einem immer ökonomischeren Verbrauch" zugespitzt sehen (VIII, 10 [17] – 12, 462) –

„Der höchste Mensch würde die größte Vielheit der Triebe haben, und auch in der relativ größten Stärke, die sich noch ertragen läßt." (VII, 27 [59] – 11, 289)
„... (für die) Erzeugung des *synthetischen*, des *summirenden*, des *rechtfertigenden* Menschen (ist) jene Machinalisirung der Menschheit eine Daseins-Vorausbedingung (...), als ein Untergestell, auf dem er seine *höhere Form zu sein* sich erfinden kann..." (VIII, 10 [17] – 12, 463) –
aber „der aktive, der angreifende, übergreifende Mensch ist immer noch der Gerechtigkeit hundert Schritte näher gestellt als der reaktive; es ist eben für ihn durchaus nicht nöthig, in der Art, wie es der reaktive Mensch thut, thun muss, sein Objekt falsch und voreingenommen abzuschätzen" (GM II, 11).

Nietzsches Gerechtigkeit, sein radikaler Wille zur Wahrheit, führt ihn zur spekulativen Grundentscheidung des Lebensbegriffs in den Willen zur Macht, von hier aus zu seiner konsistenten Begründung der Ontologie und schließlich zu einer konsequenten Aufdeckung der nachmetaphysischen ontologischen Grundstruktur des fluktuierenden Bedingt-Bedingend-Seins des Allgemeinen, der Fluktuanz. Sie bringt ihn aber auch von der phänomenologischen Gerechtigkeit ab. Wir haben keinen Grund, das Leben im Wesen und darum vorrangig als Kampf und Machterweiterung zu verstehen. Wir kennen die verheerenden politischen Folgerungen aus einer solchen Einschätzung. Die befreiende Wirkung der neuen ontologischen Grundstruktur, die Dilthey und Nietzsche entdekken, eröffnet dem Menschen die Möglichkeit und die Notwendigkeit, seine Zukunft selbst zu gestalten. Dazu bedarf es nicht der Berufung auf einen ursprünglichen Willen zur Macht, freilich auch nicht des Bodens einer „allgemeinen Menschennatur".

Literaturverzeichnis

Abel, G.: Nietzsche contra ‚Selbsterhaltung'. Steigerung der Macht und ewige Wiederkehr, in: Nietzsche-Studien 10/11 (1981/1982) 367–384.

Aron, R.: La philosophie critique de l'histoire. Essai sur une théorie allemande de l'histoire (1938), Paris ²1950.

Bausch, N.: Der Begriff Leben im Werk Friedrich Nietzsches im Vergleich zu den Objektivationen des Lebens bei Wilhelm Dilthey, Phil. Diss. Freiburg i. Br. 1974.

Bollnow, O. F.: Dilthey. Eine Einführung in seine Philosophie (1936), Stuttgart, Berlin, Köln, Mainz ³1967.

–: Wilhelm Diltheys Stellung in der deutschen Philosophie. Zur Geschichte der Dilthey-Edition und Dilthey-Rezeption (1976), in: O. F. Bollnow: Studien zur Hermeneutik, Bd. I: Zur Philosophie der Geisteswissenschaften, Freiburg/München 1982, 178–203.

Cassirer, E.: Substanzbegriff und Funktionsbegriff. Untersuchungen über die Grundfragen der Erkenntniskritik, Berlin 1910.

Figl, J.: Nietzsche und die philosophische Hermeneutik des 20. Jahrhunderts. Mit besonderer Berücksichtigung Diltheys, Heideggers und Gadamers, in: Nietzsche-Studien 10/11 (1981/1982) 408–430.

–: Interpretation als philosophisches Prinzip. Friedrich Nietzsches universale Theorie der Auslegung im späten Nachlaß, Berlin, New York 1982.

Foucault, M.: Nietzsche, die Genealogie, die Historie (1971), in: ders.: Von der Subversion des Wissens, Frankfurt a. M., Berlin, Wien 1978, 83–109.

Gadamer, H.-G.: Wahrheit und Methode. Grundzüge einer philosophischen Hermeneutik, Tübingen 1960, ²1965.

Gerhardt, V.: Macht und Metaphysik. Nietzsches Machtbegriff

im Wandel der Interpretation, in: Nietzsche-Studien 10/11 (1981/1982) 193–209.
Grimm, R. H.: Nietzsche's Theory of Knowledge, Berlin, New York 1977.
Habermas, J.: Erkenntnis und Interesse, Frankfurt a. M. 1968.
Hartmann, N.: Wie ist kritische Ontologie überhaupt möglich? Ein Kapitel zur Grundlegung der allgemeinen Kategorienlehre, in: Festschrift für Paul Natorp zum 70. Geburtstag, von Schülern und Freunden gewidmet, Berlin, Leipzig 1924.
Heidegger, M.: Sein und Zeit, Tübingen [10]1963.
Ineichen, H.: Erkenntnistheorie und geschichtlich-gesellschaftliche Welt. Diltheys Logik der Geisteswissenschaften, Frankfurt a. M. 1975.
Janz, C. P.: Friedrich Nietzsche, Bd. 2, München, Wien 1978.
Johach, H.: Handelnder Mensch und objektiver Geist. Zur Theorie der Geistes- und Sozialwissenschaften bei Wilhelm Dilthey, Meisenheim 1974.
Kamerbeek, J.: Dilthey versus Nietzsche, in: Studia philosophica 10 (1950) 52–84.
Kaulbach, F.: Nietzsches Idee einer Experimentalphilosophie, Köln, Wien 1980.
Lehmann, G.: Nietzsche und Dilthey, in: Deutsche Zukunft 7 (1939) H. 33, 9f.
Löwith, K.: Auslegung von Nietzsches Selbst-Interpretation und von Nietzsches Interpretationen, Phil. Diss. München 1923.
–: Von Hegel zu Nietzsche. Der revolutionäre Bruch im Denken des neunzehnten Jahrhunderts (1939), Stuttgart, Berlin, Köln, Mainz 1969.
Lotz, J. B.: Entwurf einer Ontologie bei Friedrich Nietzsche (1949), in: ders.: Der Mensch im Sein. Versuche zur Geschichte und Sache der Philosophie, Freiburg, Basel, Wien 1967, 174–211.
Lukács, G.: Der deutsche Faschismus und Nietzsche (1943), in: ders.: Schicksalswende. Beiträge zu einer neuen deutschen Ideologie, Berlin [2]1956.
–: Die Zerstörung der Vernunft, Werke Bd. 9, o. O. o. J. (1960).
Mauer, W.: Diltheys Kritik an Nietzsche, in: Berliner Hefte für geistiges Leben 4 (1949) 458–463.

Misch, G.: Dilthey versus Nietzsche. Eine Stimme aus den Niederlanden, in: Die Sammlung 7 (1952) 378–395.
–: Lebensphilosophie und Phänomenologie. Eine Auseinandersetzung der Diltheyschen Richtung mit Heidegger und Husserl (1930), Darmstadt [3]1975.
Müller-Lauter, W.: Nietzsche. Seine Philosophie der Gegensätze und die Gegensätze seiner Philosophie, Berlin, New York 1971.
–: Der Geist der Rache und die ewige Wiederkehr. Zu Heideggers später Nietzsche-Interpretation, in: F. W. Korff (Hrsg.): Redliches Denken. Festschrift für Gerd-Günther Grau zum 60. Geburtstag, Stuttgart-Bad Cannstatt 1981, 92–113.
–: Das Willenswesen und der Übermensch. Ein Beitrag zu Heideggers Nietzsche-Interpretation, in: Nietzsche-Studien 10/11 (1981/1982) 132–177.
Ralfs, G.: Einleitung zu: H. v. Stein: Idee und Welt. Das Werk des Philosophen und Dichters, Stuttgart 1940.
Riedel, M. (Hrsg.): Wilhelm Dilthey. Der Aufbau der geschichtlichen Welt in den Geisteswissenschaften, Frankfurt a. M. 1970.
– (Hrsg.): Geschichte der Philosophie in Text und Darstellung, Bd. 7: 19. Jahrhundert. Positivismus, Historismus, Hermeneutik, Stuttgart 1981.
Rombach, H.: Substanz, System, Struktur. Die Ontologie des Funktionalismus und der philosophische Hintergrund der modernen Wissenschaft, 2 Bde., Freiburg/München 1965/1966, [2]1981.
Scheibe, E.: Ursache und Erklärung, in: Lorenz Krüger (Hrsg.): Erkenntnisprobleme der Naturwissenschaften. Texte zur Einführung in die Philosophie der Wissenschaft, Köln, Berlin 1970, 253–275.
Scheler, M.: Versuch einer Philosophie des Lebens. Nietzsche – Dilthey – Bergson (1915), in: Vom Umsturz der Werte. Abhandlungen und Aufsätze, Ges. Werke Bd. 3, Bern [4]1955, 311–339.
Schnädelbach, H.: Geschichtsphilosophie nach Hegel. Die Probleme des Historismus, Freiburg/München 1974.
Schulenburg, Sigrid v. d. (Hrsg.): Briefwechsel zwischen Wilhelm Dilthey und dem Grafen Yorck von Wartenburg 1877–1897, Halle 1923.

Stegmaier, W.: Substanz. Grundbegriff der Metaphysik, Stuttgart-Bad Cannstatt 1977.
–: Die Unausweichlichkeit der Philosophie. Zum Tode Karl Ulmers, in: Zeitschrift für philosophische Forschung 36 (1982) 619–626.
Stein, H. v.: Idee und Welt. Das Werk des Philosophen und Dichters, hrsg. von Günter Ralfs, Stuttgart 1940.
Toulmin, St.: Teleology in Contemporary Science and Philosophy, in: R. Bubner, K. Cramer, R. Wiehl (Hrsg.): teleologie, neue hefte für philosophie 20 (1981) 140–152.
Ulmer, K.: Nietzsche. Einheit und Sinn seines Werkes, Bern, München 1962.
–: Philosophie – gegenwärtig oder vergangen? in: Wiener Jahrbuch für Philosophie 4 (1971) 7–27.
–: Philosophie der modernen Lebenswelt, Tübingen 1972.
–: Der Ausbruch aus der Universitätsphilosophie. Eine Erinnerung an die Grundintentionen des Gesamtwerkes von Wilhelm Dilthey, in: Perspektiven der Philosophie 4 (1978) 379–416.
–: Nietzsches Philosophie in ihrer Bedeutung für die Gestaltung der Weltgesellschaft. Der Ausbruch aus der Universitätsphilosophie II, hrsg. von W. Stegmaier, in: Nietzsche-Studien 12 (1983) 51–79.
Wohlfart, G.: Der spekulative Satz. Bemerkungen zum Begriff der Spekulation bei Hegel, Berlin, New York 1981.

Psychologie, aber nicht Psychologismus: Dilthey und Twardowski zum Verhältnis von Psychologie und Geisteswissenschaften

Von Elzbieta Paczkowska-Lagowska, Krakau

Mit diesem Beitrag soll auf einen wichtigen Aspekt der Diltheyschen Philosophie der Geisteswissenschaften aufmerksam gemacht werden – auf das Problem der Verankerung der Geisteswissenschaften in der Psychologie. Wir wollen uns dieses Problemgebiet mit Hilfe derjenigen Kategorien ansehen, die von einem jüngeren Zeitgenossen Diltheys, dem polnischen Philosophen Kazimierz Twardowski (1866–1938), in der intellektuellen Atmosphäre der Brentano-Schule ausgearbeitet wurden. Welchen Erkenntnisgewinn läßt diese Gegenüberstellung von Ansichten zweier Philosophen erwarten, die aus verschiedenen Geistesformationen stammen, die sich unter dem Einfluß unterschiedlicher intellektueller Erfahrungen entwikkelt haben und die verschiedene Denkstile repräsentieren? Ist eine Interpretation der Ansichten Diltheys, der ja ein historisch allseitig gebildeter Philosoph war und der in der Lebensphilosophie eine Synthese der Ergebnisse der Geisteswissenschaften anstrebte, mit Hilfe der abstrakten, von Leben und Geschichte ‚losgelösten', analytischen Kategorien Twardowskis, der die traditionelle Art und Weise des Philosophierens der Brentanoschen Schule weiterführte, möglich und sinnvoll? Mein Vorhaben scheint zweifelsohne einige Risiken in sich zu bergen. Gleichwohl glaube ich, daß eine derartige Vorgehensweise zu Resultaten führen kann, die nicht nur für das Verständnis beider Philosophen, sondern auch für die Erhellung des Problems des Psychologismus bedeutsam sind. Insbesondere behaupte ich, daß eine Untersuchung der Frage, wie Dilthey das Verhältnis von Psychologie und Geisteswissenschaften gesehen hat, mit Hilfe der Kategorien Twardowskis sehr fruchtbar ist. Meines Erachtens erlaubt es diese Vorgehensweise, den Vorwurf des Psychologismus, der gegen Dilthey als den Autor der *Einleitung in die Geisteswissenschaften* erhoben worden ist, zu entkräften. Weitergehend noch: Die Anwendung der Kategorien Twardowskis in einer Analyse der Auffassungen Diltheys ermöglicht es, die These zu vertreten, daß Dilthey niemals Psychologist gewesen ist.

Die Begriffe, die Twardowski herausgearbeitet hat, haben zum Ziel, den Gegenstand der Psychologie vom Gegenstand der Geisteswissenschaften abzuheben und die Eigenart der letzteren zu betonen. Diese Begriffe sind in einer bestimmten historischen Situation entstanden, im Prozeß der Verselbständigung der Geisteswissenschaften. Es ist hinlänglich bekannt, daß die Tradition des englischen Empirismus von Hume, Bentham und Mill die Geisteswissenschaften (the moral sciences) als Teile der angewandten Psychologie erachtete; die Psychologie selbst wurde als eine Wissenschaft angesehen, die nach dem Muster der Physik ohne das Paradigma des Atomismus und Mechanismus nicht auskommen kann. Um die Eigenart des Gegenstandes der Geisteswissenschaften aufzudecken, mußte man eine Seinssphäre aufschließen, für die die Geisteswissenschaften einzig und allein zuständig sind und die den Naturwissenschaften unzugänglich bleibt. Es ist weiterhin bekannt, daß die größte Entdeckung auf diesem Gebiet von Hegel stammt, der darauf aufmerksam machte, daß die Entwicklung der Geschichte nicht nur als Aufeinanderfolge von Tatsachen und Ereignissen, sondern vor allem als ein geistiger Zusammenhang, eine Struktur von Begriffsinhalten mit logischen Abhängigkeitsrelationen aufzufassen sei. Die Hegelsche Unterscheidung des geistigen Faktors neben dem psychischen und dem materiellen wurde dann weiter differenziert, und zwar vom Gesichtspunkt der Psychologie, Logik und Sprachtheorie. Man merkte, daß die Gegenstände der Geisteswissenschaften, die auch ideale Sinneinheiten bilden, zugleich materielle Gegenstände sind, die einen Zusammenhang mit dem kreativen Geist des Menschen und auch mit seiner Psyche aufweisen. Gegen Ende des 19. Jahrhunderts unterschied die Schule Brentanos zwischen dem psychischen Akt und dem psychischen Inhalt, zwischen den psychischen Funktionen und deren Gebilden. Die Gebilde teilte man in physische, psychische und psychophysische ein. Eine besondere Bedeutung für die Theorie der Geisteswissenschaften erlangten die psychophysischen Gebilde. Diese Begriffsdifferenzierung und deren Anwendung im Rahmen der Bemühungen um eine Gegenstandsbestimmung der Geisteswissenschaften sind wesentlich Verdienst und Werk von Kazimierz Twardowski. Im folgenden wollen wir auf die Konzeption Twardowskis etwas näher eingehen, um ihre Brauchbarkeit für die Analyse der Fragestellungen Diltheys sichtbar zu machen. Nach der Theorie von Twardowski haben wir es mit drei Arten von Funktionen zu tun: mit physischen, psychischen und psychophysischen Funktionen und entsprechend mit drei Arten von Gebilden (Erzeugnissen): mit physischen, psychischen und psychophysischen Gebilden. Zum Beispiel: Eine physische Funktion ist das Springen, das Gebilde – ein Sprung; eine psychische Funktion – das Denken, das Gebilde – ein Gedanke. Außer den genannten Funktionen haben wir noch psychophysische Funktionen, die uns hier besonders interessieren. Es sind solche psychische Funktionen, die von physischen Funktionen begleitet werden, und zwar derart, daß die physischen Funktionen die flüchtigen psychischen Inhalte verfestigen, fixieren und auf diese Art und Weise ihnen die scheinbare Selbständigkeit aufprägen. Eine psychophysische Funktion ist beispielsweise das Schreiben, wenn es gewisse Denkinhalte fixiert und nicht ein einfaches Kalligraphieren, ein bloßes Zeichnen von Buchstaben ist. Das Gebilde ist dann ein schriftlich fixierter Gedanke. Das Zeichnen ist eine psychophysische Funktion, wenn die Zeichnungen Gebilde sind, die mit Hilfe physischer Mittel geistige Inhalte zum Ausdruck bringen. Nach der Ansicht von Twardowski sollte man die Gegenstände der Geisteswissenschaften nicht nur unter psychischen oder rein geistigen Gegenständen suchen, sondern auch und vor allem unter psychophysischen Gebilden, die die eigentliche Forschungsdomäne für die Geisteswissenschaften ausmachen. Die psychophysischen Erzeugnisse sind die verschiedenartig fixierten Ausdrücke des menschlichen Geistes, zugleich Ausdrücke des Lebens schlechthin.

Während die Geisteswissenschaften ihre Aufmerksamkeit auf die Gebilde richten, findet die Psychologie ihren Gegenstand in den Funktionen. So interessiert sich die Psychologie für den Aktaspekt des Denkens, die Geisteswissenschaften dagegen befassen sich mit den Erzeugnissen des Denkens, mit anderen Worten: mit seinen Inhalten. Man darf jedoch nicht vergessen, daß jedes Denkgebilde, jedes Erzeugnis des Denkens, das heißt jeder Inhalt, ein Erzeugnis von etwas ist, und, genetisch gesehen, jeder Inhalt an den ihn erzeugenden Akt gebunden bleibt. In diesem Sinne existieren Inhalte ohne Akte nicht. Brentano war davon so sehr überzeugt, daß er die beiden Komponenten psychischer Phänomene nicht unterschied und statt zwei Elementen eine Einheit der psychischen Tatsache sah. Deshalb finden wir bei Brentano selbst keinen Anhaltspunkt für eine solche Auffassung des Inhalts eines psychischen Aktes, in der der Inhalt für ein zumindest relativ selbständiges Moment gehalten werden könnte. Anders sieht die Sache bei Twardowski aus, in seiner Auffassung von Funktionen und Gebilden. Sogar wenn es tatsächlich der Fall ist, daß der Inhalt eine Einheit mit dem Akt darstellt, so kann man doch von diesem genetischen Zusammenhang absehen und *den Inhalt so auffassen, als wäre er etwas Selbständiges.* Wenn wir psychische Inhalte unter dem Aspekt ihrer Genese betrachten, betreiben wir Psychologie. Wenn wir dagegen von dem Zusammenhang mit der Funktion abstrahieren und die Inhalte als von den Akten unabhängige Erzeugnisse in Betracht ziehen, befinden wir uns auf dem Gebiet der Geisteswissenschaften. In einem *konkreten* menschlichen Geist sind die Inhalte stets an die Akte gebunden und können – von den Akten unabhängig – nicht existieren. Wenn sie aber fixiert und von der genetischen Gebundenheit abgetrennt werden, stellen sie sich als selbständige Gebilde dar. Auf diese Art und Weise sind die psychophysischen Gebilde Fixierungen flüchtiger psychischer Inhalte und prägen ihnen den Stempel einer (scheinbaren) Selbständigkeit auf. Die aufgeschriebenen Gedanken, die physisch verwirklichten Visionen der menschlichen Phantasie werden irgendwie selbständig, sie sind dem Geiste entfremdet, in dem sie entstanden sind. Als ein Beweis dafür, daß sie eine zumindest relative Selbständigkeit besitzen, kann die Tatsache gelten, daß diese sozusagen verselbständigten Inhalte auf andere Menschen, auf ihren Geist einwirken können, indem dort Inhalte entstehen, die bedeutungsmäßig adäquat sind. Das geschieht in einem Vorgang des Verstehens, der darin besteht, daß die andere Psyche, der andere Mensch, ein psychisches Gebilde erfaßt und nachverstehend ‚reproduziert', ein psychisches Gebilde, das die Bedeutung des betreffenden psychophysischen Gebildes ausmacht. Derartige Erlangung einer Bedeutung, dieses Herausheben einer Bedeutung aus dem Zeichen, also des Inneren aus dem Äußeren, das heißt aus dem Vergegenständlichten, setzt voraus, daß die vergegenständlichte Psyche reflexiverweise auf die im Aktzustand befindliche Psyche einwirkt. Der psychische Inhalt, der die Bedeutung eines psychophysichen Gebildes ist, kann also unter zwei Aspekten betrachtet werden: Einmal unter dem Aspekt der Genese (des Ursprungs) in Beziehung auf die Funktion, zum anderen als ein Gebilde, das unabhängig von der Funktion fortbesteht, und zwar in dem selbständigen psychophysischen Gebilde auch dann, wenn die Funktion, dank deren der Inhalt wirklich existiert, zu existieren aufgehört hat. In dem ersten Fall ist der psychische Inhalt Gegenstand der Psychologie, im zweiten Fall Gegenstand der Geisteswissenschaften. Der Gegenstand der Psychologie ist folglich insofern von dem Gegenstand der Geisteswissenschaften unterschieden, als sich die Funktionen von den Gebilden unterscheiden. Man darf jedoch nicht vergessen, daß die psychischen Gebilde nur deshalb von den sie erzeugenden Funktionen unabhängig existieren können, weil sie fixiert sind, und daß ihre ursprüngliche Seinsweise mit dem sie erzeugenden oder mit dem im Verstehen sie reproduzierenden Geist verbunden bleibt. Darin ist der faktische Zusammenhang der Geisteswissenschaften mit der Psychologie zu sehen, wobei die gleichzeitige Unterschiedlichkeit der respektiven Forschungsgegenstände nicht außer acht gelassen werden darf. Dieser Zusammenhang besteht darin, daß dasselbe Element – psychischer Inhalt – in der Psychologie stets in Verbindung mit dem Akt betrachtet wird, in den Geisteswissenschaften dagegen so, *als ob* es unabhängig von dem Akt existierte. Die Auffassung und die Anerkennung der Eigenart des Gegenstandes der Geisteswissenschaften gegenüber dem Gegenstand der Psychologie verbindet sich bei Twardowski in charakteristischer Weise mit der Auffassung von der Psychologie als einer Grundwissenschaft für die Geisteswissenschaften. Wörtlich heißt es an einer Stelle: „Wissenschaften, die psychische Gebilde erforschen und die diese Gebilde als durch den Zusammenhang mit den psychophysischen Gebilden von ihren eigentlichen Quellen, das heißt eigentlichen Funktionen, unabhängig gewordene Gebilde betrachten, dürfen nicht vergessen, daß dieses Unabhängig-Gewordensein eine Abstraktion ist, und daß sowohl die Genese als auch das wirkliche und vollständige Sein dieser psychischen Gebilde lediglich im aktuellen psychischen Leben der geistbegabten Wesen zu finden ist. Deshalb ist die Psychologie für alle Geisteswissenschaften die grundlegende Hilfswissenschaft, denn sie ist unentbehrlich beim Erklären und somit beim Verstehen der Genese der psychischen und psychophysischen Gebilde, die von den Geisteswissenschaften erforscht werden. Auf die Psychologie stützen sich also in ihren Untersuchungen sowohl die Historiker im weitesten Sinne des Wortes, als auch Linguisten, Literaturkritiker, Soziologen, Juristen, Politiker, denn sie können die psychologische Erklärung ihrer Untersuchungsgegenstände keineswegs außer acht lassen." (Twardowski 1913, 269f.)

Eine ähnliche These über den fundierenden Charakter der Psychologie im Verhältnis zu den Geisteswissenschaften finden wir schon früher bei Dilthey in der *Einleitung in die Geisteswissenschaften* (1883) und ebenfalls in den Vorarbeiten zu diesem Werk aus den Jahren 1865/1866. Erstaunlich ist die Ähnlichkeit der Auffassungsweise des Verhältnisses zwischen der Psychologie und den Geisteswissenschaften bei den beiden Philosophen. Ich führe hier eine Stelle aus der *Einleitung*... an: „Der einfachste Be-

fund, welchen die Analysis der gesellschaftlich-geschichtlichen Wirklichkeit abzugewinnen vermag, liegt in der Psychologie vor; sie ist demnach die erste und elementarste unter den Einzelwissenschaften des Geistes; dementsprechend bilden ihre Wahrheiten die Grundlage des weiteren Aufbaues." (I, 33) Und weiter: „Die Begriffe und Sätze, welche die Grundlage der Erkenntnis dieser Systeme (sc. der Kultur) ausmachen, stehen in einem Verhältnis von Abhängigkeit zu den Begriffen und Sätzen, welche die Psychologie entwickelt." (I, 46)
Kann man den Versuch, die Geisteswissenschaften auf der Grundlage der Psychologie aufzubauen, der ein charakteristischer Denkweg in der Periode der *Einleitung* ist, für einen psychologistischen Versuch halten? Auf diese Frage möchte ich eine entschieden verneinende Antwort geben. Dieser Versuch ist nicht psychologistisch, weil er keine Reduktion des Gegenstandes der Geisteswissenschaften auf den Gegenstand der Psychologie darstellt. Die Geisteswissenschaften werden nicht als Teildisziplinen der angewandten Psychologie betrachtet, im Gegenteil: bei Dilthey wird das Psychische ganz deutlich von dem Geistigen abgetrennt und unterschieden. Gleichzeitig werden die Zusammenhänge, die zwischen der Psyche und dem Geist bestehen, nicht negiert, weil sie zwei Aspekte desselben allumfassenden Lebens darstellen.
Die Unterscheidung zwischen Psyche und Geist und die gleichzeitige Hervorhebung der zwischen ihnen bestehenden Zusammenhänge wird in folgenden Formulierungen einer früheren Arbeit Diltheys äußerst prägnant zum Ausdruck gebracht: „Kultur ist der Inbegriff der geistigen Inhalte und der zu ihnen im Abhängigkeitsverhältnis stehenden geistigen Tätigkeiten im Menschengeschlechte. Demgemäß handelt es sich um das Verhältnis der in der Psychologie entwickelten Tätigkeiten und ihrer Gesetze

zu der Kultur. (...) Die Kultur könnte jedenfalls nicht psychologisch (...) erklärt werden, sondern eben nur durch die historischen Mittelglieder. Der höhere Geistesinhalt bildet Kulturtatsachen.“ (XVIII, 7f.)
Die psychologische Erklärungsweise der Kultur, die Dilthey kritisiert, stellt zweifellos ein charakteristisches Merkmal des Psychologismus dar. Die Aussage von Dilthey ist eben eine Warnung vor dem Psychologismus. Um das zu verdeutlichen, ist es meines Erachtens nützlich, zu den Kategorien Twardowskis zurückzukehren. Die Geistesinhalte, über die Dilthey sprach, kann man nach der Konzeption von Twardowski von zwei Gesichtspunkten aus betrachten: zum einen unter dem genetischen Aspekt, das heißt in ihrem Zusammenhang mit den Akten, die sie fundieren, und zum anderen unabhängig von den Akten. In dem letzteren Fall werden sie als „höhrere Geistesinhalte“ im Sinne Diltheys betrachtet. Der genetische Gesichtspunkt, die genetische Betrachtungsweise, gehört zur Psychologie, die dann nicht als eine Geisteswissenschaft, sondern als eine erklärende Naturwissenschaft verstanden wird; der Gesichtspunkt „der höheren Geistesinhalte“ ist für die Geisteswissenschaftler charakteristisch. Die höheren Geistesinhalte hängen immer mit den psychischen Funktionen zusammen, sie enthalten aber zugleich ein neues Element, das über die psychischen Funktionen hinausgeht. Dieses neue Element verdanken sie der Vergegenständlichung in Objektivationen des Geistes nach Dilthey, in den psychophysischen Gebilden nach Twardowski. Die Zurückführung der „höheren Geistesinhalte“ auf die Inhalte der psychischen Erlebnisse macht es unmöglich, das Psychologische und Individuelle von dem Allgemeinen und Universellen abzuheben. Die psychophysischen Gebilde, deren Entsprechungen nach späteren Bestimmungen Diltheys die Einheiten des objektiven Geistes

sind, stellen in gewissem Sinne Erzeugnisse der Psyche dar, aber sie drücken nicht die individuelle Psyche aus, sowie sie auch kein individuelles Leben zum Ausdruck bringen, sondern etwas Ideales. Man kann dieses ideale Moment nach einer späteren Bestimmung Diltheys (VII, 223) als eine *ideale Person* bezeichnen, als Leben selbst, oder – unabhängig von Dilthey – als einen Wert. Der Fehler des Psychologismus bestünde also in der Nichtberücksichtigung der Dimension des Allgemeinen in den geistigen Inhalten und in der Nichtunterscheidung der Fakten von den Werten. Die Konsequenz aus diesem Fehler ist die ausschließliche Anwendung des genetischen Standpunktes auf die Dimension des Allgemeinen, der der erklärenden Psychologie eigen ist. Dilthey stellt dagegen eindeutig fest, daß diejenige Psychologie, die als grundlegende Wissenschaft für die Geisteswissenschaften betrachtet wird, „sich von einer erklärenden Wissenschaft unterscheiden muß" (I, 33). Die Konsequenz einer Auffassung, die die Psychologie als eine erklärende Wissenschaft ansieht, besteht darin, daß man die geistigen Inhalte ausschließlich als Erzeugnisse bestimmter Funktionen auffaßt – es ist dies die Sicht des von Dilthey abgelehnten Empirismus. Gegen diesen Empirismus und für die „volle, unverstümmelte Wirklichkeit des Menschen" plädierend, legte Dilthey den Geisteswissenschaften seine „nichtpsychologistische Psychologie" zugrunde.

Dilthey sah in der Psychologie die grundlegende Geisteswissenschaft, um im Einklang mit seiner Lebensphilosophie die Sphäre der idealen Bedeutungen vom Leben nicht zu trennen. Gleichzeitig lehnte er jedoch entschieden eine Denkweise ab, die diesen Zusammenhang mit dem Leben mit Hilfe der psychologisch-genetischen Voraussetzungen zu erklären suchte. In der Begründung der Geisteswissenschaften durch die Psychologie – so, wie Dilthey sie verstanden hat – erblicke ich die Verwirklichung seiner Grundidee: des Immanenzprinzips; das Gebiet der höheren Kultur wird vom Gesichtspunkt des Lebens, das heißt, des schaffenden Menschen her interpretiert.

Der Gesichtspunkt des schaffenden Menschen ist aber nicht der ausschließliche Gesichtspunkt, ähnlich wie die Auffassung der Geistesinhalte als ideale und selbständige nicht die einzige Auffassung ist. Diesen Gedanken drückt Dilthey viel später aus, und zwar im Kontext der Hegel-Studien. Hegel hat in seiner Philosophie des Geistes die Verbindung des Geistes mit dem schaffenden Menschen zerrissen: „Wir dringen in die Geschichte von den verschiedensten Seiten durch Analysis und Abstraktion. Der Versuch, allgemeinere Formen psychologischer Wechselwirkung zu finden, ist ebenso nur eine Seite, wie der Hegels, von demjenigen auszugehen, was als allgemeiner Geist in den Subjekten sich manifestiert und Erkenntnis, Kunst und Sittlichkeit möglich macht." (IV, 251) So, wie Dilthey die idealistische Verselbständigung des Geistes ablehnte, so wollte er den Psychologismus, das heißt, die Reduzierung des Geistes auf die psychischen Funktionen, vermeiden. Die Ablehnung des Psychologismus geht hier Hand in Hand mit der Anerkennung des grundlegenden Charakters der Psychologie als einer deskriptiven und nicht erklärenden Wissenschaft. In analoger Weise differenziert Twardowski zwischen einer experimentellen Psychologie, die er für eine Naturwissenschaft hält, und einer deskriptiven Psychologie, auf der er seine antipsychologistische Wissenschaftslehre aufbaut.

Dilthey berief sich weder expressis verbis auf die begrifflichen wissenschaftstheoretischen Unterscheidungen der Brentano-Schule noch zeigt er auf andere Weise, daß er sie ausführlicher zur Kenntnis genommen hätte. Wenn es um die Unterscheidungen Twardowskis geht, so war deren

Kenntnisnahme faktisch unmöglich, denn Twardowskis erste Abhandlung dazu erschien erst 1911 *(Über Akte und Gebilde).*

Um so bedeutsamer scheint in diesem Kontext die Tatsache, daß die relativ abstrakten Kategorien Twardowskis Anwendung auf die mit Lebensinhalten erfüllte Auffassung Diltheys über das Verhältnis von Psychologie und Geisteswissenschaften finden können. Es stellt sich heraus, daß Dilthey und die Brentano-Anhänger dieselbe Tendenz zur Entpsychologisierung der Geisteswissenschaften und der Philosophie (Logik, Erkenntnislehre, Ethik, Ästhetik) repräsentieren; diese Tendenz unterscheidet sich charakteristischerweise von der Tendenz, die in Husserls Werk zum Ausdruck kommt. In seinem Versuch, die Philosophie zu entpsychologisieren, vermied Twardowski sowohl den psychologischen Relativismus als auch dessen Gegenteil: Hypostasierung der rein idealen Gegenstände, Zerreißen des Zusammenhangs mit dem erkennenden Subjekt (wie heute Popper sagen würde). Twardowski erkannte die Selbständigkeit und die Autonomie dieser Gegenstände, wobei er auch das Faktum nicht übersah, daß diese Gegenstände, nicht im zeitlosen Universum wohnen, sondern historische Gebilde (Erzeugnisse) des Menschen sind. Ähnlich ging Dilthey vor, als er das Geistige von dem Psychischen unterschieden und die Relativierung des geistigen zum psychischen Moment vermieden hatte; er vermied es aber auch, die Welt der geistigen Erzeugnisse von ihrem Schöpfer (Erzeuger) unabhängig und losgelöst zu sehen. Die geistigen Erzeugnisse (Gebilde) stellen ein Ergebnis eigentlichen Schaffens, des schöpferischen Charakters des Lebens dar, und keine Entdeckung vorher existierender idealer Bedeutungseinheiten. Die beiden Entpsychologisierungsversuche erfolgten auf einem anderen Weg als der Versuch Husserls, der, um die Gegenstände der Logik und der Erkenntnislehre zu entpsychologisieren, sie in ein zeitloses Universum ewiger Wahrheiten hineinstellte, also des Zusammenhangs mit dem schöpferischen Geist beraubte.

Literaturverzeichnis

Twardowski, Kazimierz: O czymnościach i wytworach..., 1911 [Über Akte und Gebilde. Anmerkungen zur Grenzlinie von Psychologie, Grammatik und Logik], in: Wybrane Pisma Filozoficzne (WPF), Warszawa 1965.

–: O psychologii, jej przedmiocie, zadaniach, metodzie, stosunku do innych nauk i o jej roswoju, 1913 [Über Psychologie, ihren Gegenstand, ihre Aufgaben, ihre Methode und ihr Verhältnis zu anderen Wissenschaften], in: WPF, Warszawa 1965.

(Deutsche Zitate in Übersetzung der Verfasserin.)

Die Grundansätze von Husserls Konfrontation mit Dilthey im Lichte der geschichtlichen Selbstzeugnisse*

Von Guy van Kerckhoven, Leuven

Eine klare Aussprache über das Thema „Dilthey und die Phänomenologie" erfordert eine Vorbesinnung über den Weg, den man bei der Behandlung dieses Themas beschreiten möchte. Keineswegs ist das hier Thematisierte schon von vornherein eindeutig und fest umrissen. Vielmehr bieten sich mehrere Wege zu einer eingehenden Untersuchung dar. Sich selbstbesinnlich *einen* Weg zu dem gewählten Thema anzubahnen (I.) im Lichte eines *bestimmten* geschichtlichen Zeugnisses (II.) – dieses Vorgehen scheint vor allem dann relativ berechtigt, wenn es darum geht, deutliche Grundansätze zu gewinnen und sich so das Thema anzueignen.

I.

Über den Hauptgegenstand „Dilthey und die Phänomenologie" kann zunächst einmal gesprochen werden – und ist ja auch gesprochen worden –, ohne den von Dilthey

---

* Dieser Aufsatz gibt in nochmals überarbeiteter Fassung den Text des am 8. April 1983 in Trier unter dem Titel: „Analysen einiger konkreter Beziehungen zwischen Dilthey und Husserl anhand von Archivmaterialien" gehaltenen Vortrages wieder. Die Genehmigung zur Veröffentlichung einiger ausführlicher Zitate aus dem bisher unveröffentlichten Briefwechsel Edmund Husserls erteilte freundlicherweise der Direktor des Husserl-Archivs, Prof. Dr. Samuel IJsseling. Frau Marianne Ryckeboer-Gieffers sei für ihre Hilfe Dank gesagt.

selbst gesteckten Rahmen seines Philosophierens zu überschreiten: bildet doch der negative Teil der *Einleitung in die Geisteswissenschaften* eine „*Phänomenologie* der Metaphysik".[1] In dieser Phänomenologie wird, laut der *Vorrede*, „der Beweis versucht, daß eine allgemein anerkannte Metaphysik durch eine Lage der Wissenschaften bedingt war, die wir hinter uns gelassen haben, und sonach die Zeit der metaphysischen Begründung der Geisteswissenschaften ganz vorüber ist".[2]

Die Skepsis, welche das metaphysische Zeitalter gleichsam als ihren Schatten mit sich geführt hat, bedingt die allmähliche Auflösung der metaphysischen Grundlegung der Geisteswissenschaften und schafft freie Bahn für das moderne wissenschaftliche Bewußtsein. Vom erkenntnistheoretischen Standpunkt der Menschheit aus soll nun eine Grundlegung der Einzelwissenschaften des Geistes vorgenommen werden, welche den positiven Teil der Einleitung in die Geisteswissenschaften darstellen wird. Eine solche Grundlegung hat, wenn sie ihr Ziel erreichen will, Erkenntnistheorie und Logik miteinander zu verknüpfen und ihr Problemgebiet auf das der Geisteswissenschaften zu beschränken. Zwischen die allgemeine Erkenntnistheorie und die Einzelwissenschaften des Geistes tritt die Logik als Mittelglied, als Methodenlehre. Sie übt im Felde der Einzelwissenschaften des Geistes eine kritische Funk-

---

[1] I, 395. – Daß Diltheys Verwendung des „Phänomenologie"-Begriffes Husserl nicht entgangen ist, zeigt sein Handexemplar der Einleitung in die Geisteswissenschaften (Leipzig 1883 – Archivsignatur BQ 98 –, S. 503 bzw. 510). Im folgenden sind sämtliche aus Diltheys Werken zitierten Textstellen, falls sie von Husserl in seinen Handexemplaren angestrichen bzw. unterstrichen wurden, als solche auch ausdrücklich gekennzeichnet.

[2] I, XIX – „allgemein anerkannte Metaphysik" von H. unterstr. (Handexemplar, XIX).

tion aus, indem sie die Bedingungen, unter denen das Erkennen in diesen Wissenschaften steht, die Grenzen, innerhalb deren ein solches Erkennen möglich ist, und schließlich das Verhältnis der in diesem Erkennen gewonnenen Wahrheiten zueinander untersucht. Die Lösung dieser Aufgaben könnte nach Diltheys Angabe mit dem Namen einer „Kritik der historischen Vernunft“[3] bezeichnet werden.

Die geschichtliche Rezeption der Phänomenologie Edmund Husserls innerhalb des von Dilthey selbst gesteckten Rahmens seiner Philosophie bezieht sich auf diesen *positiven* Teil der *Einleitung in die Geisteswissenschaften,* also denjenigen, in dem gerade nicht mehr von Phänomenologie – der Metaphysik – die Rede sein sollte, sondern in dem Hand gelegt wird an die positive Begründung der Einzelwissenschaften des Geistes in dem soeben angedeuteten Sinne einer Logik der Geisteswissenschaften als einer Methodenlehre unter einem kritischen Gesichtspunkt. Es ist eine eigene Aufgabe der Dilthey-Forschung, der Frage nachzugehen, inwiefern der von Husserl inaugurierten Phänomenologie und Theorie der Erkenntnis eine positive Bedeutung für die spätesten Schriften Wilhelm Diltheys zur erkenntnistheoretischen Grundlegung der Geisteswissenschaften beigemessen werden kann. Angesichts des von Diltheys Gesichtspunkt aus recht späten Erscheinens der *Logischen Untersuchungen* einerseits und angesichts der Tatsache, daß seine erkenntnistheoretischen Nachforschungen zu diesem Zeitpunkt bereits weitgehend entwikkelt waren andererseits, dürfte diese Bedeutung allerdings eine gewisse Einschränkung erfahren. Diese an das Spätwerk Diltheys gerichtete Frage bleibt im Folgenden aus-

[3] I, 116 – „Kritik der historischen Vernunft“ von H. unterstr. (Handexemplar, 145).

drücklich dahingestellt. Wir begnügen uns ganz allgemein mit der Angabe des geschichtlichen Ortes, des Forschungsbereichs, in dem sich – innerhalb des Rahmens des Diltheyschen Philosophierens – die Rezeption der Phänomenologie Edmund Husserls vollzogen hat.

Überschreitet man diesen allgemein und doch wesenhaft gezeichneten Rahmen des Philosophierens Wilhelm Diltheys *auf die Phänomenologie Edmund Husserls hin*, so tut sich hier eine gegenläufige Tendenz auf. Gerade die historische Skepsis, welche – so Dilthey – die metaphysische Epoche in der Grundlegung der Geisteswissenschaften nach sich gezogen hat, wird von Husserl in ihrer prinzipiellen Allgemeinheit[4] als „eine erkenntnistheoretische Verirrung“[5] abgetan. Sie wird in die Grundlagenforschung der Geisteswissenschaften selbst als ein Mangel an wissenschaftlicher Radikalität derselben zurückverwiesen. Dieser besteht nach Husserl darin, daß man der geisteswissenschaftlichen Empirie, der Tatsachenerkenntnis des individuellen und gemeingeistigen Lebens, der Historie eine normative Bedeutung beimißt.[6] Man erhebt die geisteswissenschaftliche Empirie, die Historie zu einer Prinzipienwissenschaft und stellt sie an die Spitze einer rationellen Grundlegung der Geisteswissenschaften. Daraus zieht Husserl zwei Konsequenzen, die bis in die Anfangssätze des Diltheyschen Philosophierens zurückreichen. Die erste betrifft die Phänomenologie der Metaphysik. Sollte sie mehr sein als eine Morphologie und Typik der metaphysischen Systeme, die aus dem Versuch ent-

---

4 Edmund Husserl, Philosophie als strenge Wissenschaft Frankfurt a. M. ²1971, 50f. – Vgl. Logos, Bd. I, 1910/1911 (= PhW), (Husserls Handexemplar – Archivsignatur K VIII 15) 324.

5 Ebd. 55 (Husserls Handexemplar, 327).

6 Ebd. 52 bzw. 54f. (Husserls Handexemplar, 325 resp. 327).

standen sind, der systematischen Begründung der Geisteswissenschaften eine allgemeingültige, absolut wissenschaftliche Grundlage zu verschaffen, mehr als eine Geschichte der Philosophie, dann muß diese Phänomenologie eben Kritik, philosophische Kritik üben.[7] Das Ideal einer absoluten, wissenschaftlichen Metaphysik wird demnach aufrechtzuerhalten sein, auch und gerade wenn diesem Ideal in der Geschichte der Philosophie noch gar nicht entsprochen worden ist. Die Darstellung der metaphysischen Epoche in der Grundlegung der Geisteswissenschaften hat höchstens die methodische Bedeutung einer Einklammerung, einer vorläufigen Suspendierung des Geltens der bisherigen metaphysischen Systeme.

Die zweite Folgerung, die mit der ersten eng zusammenhängt, betrifft die Tragweite der von Dilthey in Aussicht gestellten Logik der Geisteswissenschaften. Diese wurde bisher mit Diltheys eigenen Worten als das Bindeglied zwischen der allgemeinen Erkenntnistheorie und den Einzelwissenschaften des Geistes bezeichnet (I, 116f.). Sie sollte nun ihr psychologistisches Gewand[8] ablegen und die als transzendentales Apriori zu bezeichnenden Bedingungen für die Allgemeingültigkeit der spezifisch theoretischen, logifizierenden Leistungen der systematischen Geisteswissenschaften herausstellen, die sich auf dem Boden empirisch-historischer Geisteswissenschaften aufbauen. Die Einleitung in die Geisteswissenschaften wird dazu übergehen müssen, durch eine „phänomenologische Wesenslehre"[9] die ideelle Grundlage für die systematischen

---

[7] Ebd. 53f. (Husserls Handexemplar, 326f.)

[8] Vgl. Husserls Verweis auf seine Psychologismus-Kritik in den Prolegomena PhW, 51 Anm. 1 (Husserls Handexemplar, 325 Anm. 1).

[9] PhW, 53 Anm. 1 bzw. 55 (Husserls Handexemplar, 326 Anm. 1 bzw. 328).

Geisteswissenschaften herbeizuschaffen und eine Philosophie des Geistes zu begründen. Die von Wilhelm Dilthey geforderte Kritik der historischen Vernunft wird somit als eine *Vernunft*kritik erst auf dem transzendentalphilosophischen Boden der Phänomenologie Husserls möglich sein, die ihrerseits universale, ideale Gültigkeit beansprucht.

Wir haben bisher, wenn auch in einer recht abstrakten Weise, versucht, den Diameter zwischen Diltheys Philosophie und Husserls Phänomenologie zu ziehen. Es stellte sich dabei heraus, daß sich die beiden Philosophien nur in ihren Extremen zu berühren scheinen. Sie rotieren sozusagen umeinander. Das eigentlich Problematische, die Achse dieser Rotation, ist dabei offensichtlich die *prinzipielle Verallgemeinerung*, welche die Phänomenologie als Exemplifizierung *ihres eigenen*, von der Geschichte unbetroffenen, reinen Wesens an Diltheys Philosophie vollzieht. Für die Philosophie Diltheys bedeutet diese Exemplifizierung, daß sie sich in ihrer äußersten Konsequenz von jeglicher empirizistischen, psychologistischen, skeptizistischen Hülle befreien muß. Aber verliert sie gerade dadurch nicht ihren „Sitz im Leben"? Und liegt andererseits das von der Phänomenologie exemplifizierte Wesen der Philosophie nicht sich selbst absolut voraus? – Vermag denn, so wird man fragen, die Phänomenologie einen zwingenden Grund dafür anzugeben, daß wir die historische Skepsis in ihrer prinzipiellen Allgemeinheit nehmen müssen? Ist die historische Skepsis etwa deswegen an der bisherigen Epoche der systematischen Grundlegung der Geisteswissenschaften zu üben, weil diese ihren Rückhalt in einer *dogmatischen* Metaphysik hatte? Steuert vielleicht die von Dilthey unternommene logisch-erkenntnistheoretische Grundlegung der Geisteswissenschaften von sich aus auf das Ideal einer absoluten, wissenschaftlichen Metaphysik hin, indem sie die für die systematische Grundlegung der Geisteswissenschaften grundsätzlichen Begriffe einer kritischen Untersuchung unterwirft? Mit anderen Worten: Ist sie *schon* durch und durch Transzendentalphilosophie?

Bevor wir die konkreten Bedingungen etwas eingehender untersuchen, unter welchen die Rezeption der Philosophie Wilhelm Diltheys in Husserls Phänomenologie erfolgt ist, kehren wir zu den grundlegenden Sätzen des Philosophierens Diltheys zurück und fragen diesmal genauer danach, was in ihnen als Grundlegung geleistet wird und wie sie ihre Grundlegungsfunktion ausüben. Aus der „Überzeugung von dem Wert der geschichtlichen Selbstbesinnung neben der erkenntnistheoretischen“ [10] ist, so Dilthey, die Phänomenologie der Metaphysik hervorgegangen. Diese Phänomenologie zeigt „im hellen Licht der Sonne“, was die erkenntnistheoretische Grundlegung „in den Wurzeln unter der Erde“ erst aufzusuchen hat. Beide halten einander im Gleichgewicht; beide sind unlöslich miteinander verbunden und nicht gegeneinander auszuspielen. Dieses Gleichgewicht findet sich darin bestätigt, daß Dilthey auf beiden Seiten einen *„entwicklungsgeschichtlichen Standpunkt“* [11] vertritt. Die Phänomenologie der Metaphysik bezieht sich auf die Geschichte der intellektuellen Entwicklung der Menschheit bis zur Gegenwart. Sie versucht, ein philosophisch erfülltes Bewußtsein dieser Gegenwart herbeizuführen, indem sie Entstehung,

---

[10] I, XIX – der zitierte Satzteil von H. unterstr. (Handexemplar, XIX).

[11] I, XX. – Daß Husserl diesen entwicklungsgeschichtlichen Standpunkt als die eigentliche Angriffsfläche seiner Auseinandersetzung mit der Philosophie Diltheys ansah, zeigen bereits die ersten Abschnitte des dem Historizismus und der Weltanschauungsphilosophie gewidmeten Teils im Logos-Aufsatz – a. a. O. 49f. (Husserls Handexemplar, 323f.).

Herrschaft und Verfall der Metaphysik zu ihrem Gegenstand macht. Sie hat somit eine propädeutische Funktion:[12] Sie erhöht das geschichtliche Bewußtsein des Philosophierenden. Die von ihr angewandte Methode ist die vergleichende Betrachtung der großen philosophischen Systeme, in denen sich die Metaphysik geschichtliche Objektivität errungen hat. Sie versucht, die Regel herauszufinden, nach welcher diese Systeme sich gebildet haben, das immanente Gesetz, nach welchem sie sich entwickelten. Ein solches Gesetz ist in der Verbindung einer philosophischen Weltanschauung, die aus dem Leben geschöpft wurde, mit dem Streben nach Allgemeingültigkeit der Wissenschaften zu finden. Der Widerstreit dieser Systeme untereinander, das bisherige Mißlingen der Metaphysik, treten in der Phänomenologie der Metaphysik als diejenigen historischen Tatsachen auf, welche das heutige philosophierende Denken bis zur skeptischen Auflösung der Metaphysik geführt haben – nicht als die endgültige Begründung ihrer Unmöglichkeit.[13]

Am Ende ihrer Bahn trifft nun die Metaphysik mit dem erkenntnistheoretischen Standpunkt zusammen. Der Erkenntnistheoretiker ist der Rechtsnachfolger des Skeptizismus. In ihm vollzieht sich gleichsam die Euthanasie der Metaphysik. Er verwandelt die Welt, deren Zusammenhang die Metaphysik in zwingenden Begriffen darzulegen versuchte, in das auffassende Subjekt. „Alle Wissenschaft ist Erfahrungswissenschaft, aber alle Erfahrung hat ihren

---

[12] Vgl. VIII, 187: „Die Geschichte ist die unentbehrliche Propädeutik der systematischen Philosophie." – Dieser Passus wurde von Husserl in seinem Handexemplar des VIII. Bandes (Leipzig/Berlin 1931 – Archivsignatur BQ 103/8) am Rande angestrichen (191).

[13] Vgl. Diltheys Brief vom 29. Juni 1911 an Edmund Husserl (anläßlich des Logos-Aufsatzes), veröffentlicht von Walter Biemel in: Man and World 1, 3 (1968) 436.

ursprünglichen Zusammenhang und ihre hierdurch bestimmte Geltung in den Bedingungen unseres Bewußtseins, innerhalb dessen sie auftritt, in dem Ganzen unserer Natur. Wir bezeichnen diesen Standpunkt, der folgerecht die Unmöglichkeit einsieht, hinter diese Bedingungen zurückzugehen, gleichsam ohne Auge zu sehen oder den Blick des Erkennens hinter das Auge selber zu richten, als den erkenntnistheoretischen." [14] Die logischen Forderungen an einen erfahrungswissenschaftlichen Begriff sind vom kritischen Standpunkt – vom Gesichtspunkt der Methodenlehre – aus erst dann erfüllt, wenn im Zusammenhang der Erkenntnisse, in welchem er auftritt, ein Bewußtsein des Erkenntnisvorganges, durch den er gebildet wird, ein Bewußtsein seiner Provenienz, vorhanden ist. Das schließt aber erkenntnistheoretische Klarheit über Gültigkeit und Tragweite des ganzen Zusammenhangs psychischer Akte ein (I, 118). „Mich führte", so schreibt Dilthey in der *Vorrede* der *Einleitung in die Geisteswissenschaften* „historische wie psychologische Beschäftigung mit dem ganzen Menschen dahin, diesen, in der Mannigfaltigkeit seiner Kräfte, dies wollend fühlend vorstellende Wesen auch der Erklärung der Erkenntnis und ihrer Begriffe... zugrundezulegen..." [15] Die in der *Einleitung in die Geisteswissenschaften* angewandte Methode ist demnach die: „... jeden Bestandteil des abstrakten, wissenschaftlichen Denkens halte ich an die ganze Menschennatur, wie Erfahrung, Studium der Sprache und Geschichte sie erweisen...". [16] Denn „nicht die Annahme eines starren

[14] I, XVII – der zitierte Passus von H. am Rande angestr. und zum Teil unterstr. (Handexemplar, XVI).
[15] I, XVIII – von H. unterstr. und am Rande angestr. (Handexemplar, XVII).
[16] Ebd. – Von H. zum Teil unterstr. (Handexemplar, XVII).

Apriori unseres Erkenntnisvermögens, sondern allein Entwicklungsgeschichte, welche von der Totalität unseres Wesens ausgeht, kann die Fragen beantworten, die wir alle an die Philosophie zu richten haben".[17]

Dieser von Dilthey vertretene entwicklungsgeschichtliche Standpunkt bildet nun die Mitte zwischen einerseits dem empirizistischen Standpunkt und andererseits der reinen Spekulation, zwischen einmal der rein historischen Tatsachenerkenntnis und das andere Mal der rein gedankenmäßigen Konstruktion aus apriorischen, absolut gesetzten Prinzipien. Mit der Klärung dieses entwicklungsgeschichtlichen Standpunktes stoßen wir zugleich auf die Grundfragen, die Diltheys Denken in Bewegung halten, auf die treibenden Motive seines ganzen Grundlegungsversuches der Geisteswissenschaften. Sind denn im Bereich dieser Wissenschaften synthetische Urteile apriori möglich? Mit Husserls Worten: Gibt es systematische Wissenschaften von der geschichtlich-gesellschaftlichen Welt, die auf dem Boden empirisch-historischer Tatsachenwissenschaften objektivierende Akte vollziehen, die ideale Gültigkeit beanspruchen und auf diese Gültigkeit hin nachprüfbar sind? Ist etwa ein aus einer geschichtlichen Entwicklung abstrahierbares Gesetz anschaulich erfüllbar? Gibt es Vernunft in der Geschichte?

Was Wilhelm Dilthey abweist, ist die Synopsis sub specie aeterni, das Hintergehen der ganzen Menschennatur als des in den Geisteswissenschaften wirksamen auffassenden Vermögens zugunsten der Ewigkeitsidee im Menschen, die Reduktion der Mehrseitigkeit des Lebens auf das reine Vernunftwesen. Der jeweils mitgesetzte Horizont bei der Abstraktion eines Bildungsgesetzes ist nicht durch das

---

[17] Ebd. – „Entwicklungsgeschichte" von H. unterstr. (Handexemplar, XVIII).

geschichtliche Denken selbst ganz einholbar, es würde ja in solchem Falle aus der Geschichte herausfallen. Eine von den Einzelwissenschaften des Geistes isolierte Philosophie des Geistes und der Geschichte gibt es nicht.[18] Eine absolute Bildungsmetaphysik aus reiner Geisteswissenschaft verliert sich in eine reine Bildwelt, in metaphysischen Wesenheiten, aus denen alles Leben geflossen ist. An die phänomenologische Wesenslehre des Geistes, so wie sie von Husserl im *Logos*-Aufsatz angekündigt wird, wäre nun die Frage zu stellen, ob und inwiefern sie in ihren Konstitutionsanalysen der geistigen Welt hinter die geschichtlichen Objektivationen auf das reine Bewußtseinssubjekt zurückgehen kann, für das und durch dessen reine Bewußtseinsleistungen sich die geistige Welt konstituiert. Eine solche, am Exempel der Diltheyschen Philosophie unternommene Kraftprobe des apriorischen Erkenntnis- und Auffassungsvermögens der rein transzendentalen Phänomenologie ist aber nicht das Ziel dieser Arbeit. Wir haben unsere Ziele gar nicht so hoch gesteckt.

II.

In seinem 1889 veröffentlichten Aufsatz *Archive der Literatur in ihrer Bedeutung für das Studium der Geschichte der Philosophie* (vgl. IV, 555 ff.) hat Wilhelm Dilthey insbesondere auch für das Studium der Entwicklungsgeschichte der neueren Philosophie auf der Handhabung philologisch-kritischer Methoden insistiert und zugleich auf die Bedeutung monographischer Arbeiten als tragender Pfeiler für alle Historie geistiger Bewegungen hinge-

[18] I, 113: „... die isolierte Philosophie des Geistes ist ein Gespenst" – der Satz von H. am Rande angestr. (Handexemplar, 142).

wiesen. Am Nachlaß Immanuel Kants, einem ihm besonders vertrauten Beispiel, hat Dilthey nachzuweisen versucht, welche Sorglosigkeit in bezug auf die geschichtlichen Zeugnisse einer Philosophie herrschte, wie diese Sorglosigkeit eben ein Exponent derjenigen philosophischen Geschichtsauffassung sei, welche die geschichtliche Entwicklung einer bestimmten Philosophie sowie der Philosophie überhaupt aus dem Ganzen der geschichtlich-gesellschaftlichen Welt herauslösen und in Abbreviaturen, in reinen Begriffsformeln aussprechen wollte. Im Felde der Phänomenologie eine monographische Arbeit zu erstellen, ist aber eine recht doppeldeutige Angelegenheit. Wie für kaum eine andere Philosophie sind für die Phänomenologie Husserls die Hilfsmittel vorhanden, die Dilthey für das entwicklungsgeschichtliche Studium einer Philosophie für unentbehrlich hielt: Bücher, Handschriften, Briefe, ein Archiv. Aber es widerspricht dem Sinne der Phänomenologie, am Historisch-Faktischen, das ihr ja nur zum Exempel dient,[19] hängenzubleiben. Gerade an der Diltheyschen Philosophie scheint die Phänomenologie nun ihr eigenes, von der Geschichte unberührtes, reines Wesen darzulegen. Indem wir einige der bedeutendsten Aussagen, die Husserl über sein Verhältnis zu Dilthey hinterlassen hat, wiedergeben, erfahren wir vielleicht etwas davon, welchen Weg die Phänomenologie sich zu ihrer geschichtlichen Verwirklichung und Sinnbestimmung auserwählt hat. Diese Äußerungen sind hauptsächlich dem Briefwechsel entnommen. Wir verwenden sie nur, um jenen Weg in die Phänomenologie freizulegen, den Husserl für angewiesen hielt, um Dil-

---

[19] Vgl. Husserls Antwort auf den Brief Diltheys vom 29. Juni 1911 (die Antwort ist datiert: 5./6. Juli 1911), veröffentlicht von Walter Biemel, a. a. O. 440.

theys wesentliche Intentionen verwirklichen zu können. Im *Logos*-Aufsatz wurde dieser Weg bereits als „Ausbildung einer phänomenologischen Wesenslehre des Geistes“ angedeutet. Diese Andeutung soll im Folgenden als ein Weg im Werk Edmund Husserls konkretisiert werden. Die umfassendste und vollständigste Aussage Husserls über die Bedeutung Wilhelm Diltheys findet sich in seinem Brief an Dietrich Mahnke vom 2. Weihnachtstag 1927.[20] Den konkreten Anlaß zu diesem Schreiben bildete

[20] Dietrich Mahnke (1884–1939) studierte von 1902 bis 1906 bei Husserl in Göttingen und promovierte im Jahre 1922 mit einer Studie über Leibniz („Leibniz' Synthese von Universalmathematik und Individualmetaphysik“) an der Freiburger Universität. Ab 1926 war er in Freiburg als Privatdozent, ab 1927 als Ordinarius an der Marburger Universität tätig. Durch seine vielen Veröffentlichungen über Leibniz (u. a. „Eine neue Monadologie“ 1917; „Leibniz und Goethe“ 1924) wurde er vor allem als ein gediegener Leibnizforscher geschätzt. Besonders tief hat er aber durch sein 1917 erschienenes, „dem Meister der Wesensschau“ gewidmetes Buch: „Der Wille zur Ewigkeit“ auf Husserl eingewirkt. Er wurde als Philosoph und Mensch von Husserl sehr hoch eingeschätzt und gehörte zu seinem engeren Freundeskreis. – Von 1907 bis zum Jahre 1934 unterhielt Husserl mit Dietrich Mahnke einen regen brieflichen Kontakt. In den fast ausnahmslos stenographierten Briefen erschloß Husserl dem ehemaligen Schüler ausführlich den inneren Werdegang seines Philosophierens. Aus vielen Zeilen spricht zugleich die warme Freundschaft, die er dem Jüngeren zutrug, und eine fast väterliche Sorge für dessen geistige Existenz. – Eine Übersicht der Briefe Husserls an Dietrich Mahnke bietet das Verzeichnis der zitierten Manuskripte in: Karl Schuhmann, Husserl-Chronik. Denk- und Lebensweg Edmund Husserls (Husserliana-Dokumente I), Den Haag 1977, 502 f. Die Veröffentlichung des unten nur im Exzerpt wiedergegebenen Briefes Husserls vom 2. Weihnachtstag 1927 gehört – zusammen mit den weiteren philosophisch besonders bedeutsamen Briefen Husserls an Mahnke – in den Rahmen einer für die Reihe *Husserliana-Dokumente* geplanten Gesamtveröffentlichung des philosophischen Briefwechsels Edmund Husserls. – An dieser Stelle sei ebenfalls ausdrücklich vermerkt, daß das Original des Briefes Husserls an Mahnke vom 2. Weihnachtstag 1927 sich im Besitz der Marburger Universitätsbibliothek befindet [Ms. 862] und eine Kopie dem Löwener Husserl-Archiv zur Verfügung steht.

das Erscheinen von Dietrich Mahnkes Rezension des VII. Bandes der *Gesammelten Werke* Wilhelm Diltheys: *Der Aufbau der geschichtlichen Welt in den Geisteswissenschaften.*[21] Die Textstelle aus dieser Rezension, auf die sich Husserls Brief bezieht, lautet:

„Ich möchte... glauben, daß die Lehren Diltheys und Husserls eine Synthese nicht nur gestatten, sondern gerade verlangen: hier mathematische Bestimmtheit und Klarheit der Begriffsbildungen, dort geschichtliche Mannigfaltigkeit und Fülle der Anschauungen; hier universelle Erkenntnis zeitlos geltender Wesensgesetze, dort individuelles Verständnis menschheitshistorischer Lebens- und Erlebniswirklichkeiten; hier die einheitliche Identität der Natur, des absolut objektiven Kernes aller Erlebniswelten, dort der unerschöpfliche Reichtum der Geisteswelt, nacherlebt durch unendliche Selbsterweiterung des Einzelsubjektes. So dürfte die gegenseitige Ergänzung von Husserls noetisch-noematischer Phänomenologie und Diltheys ‚Selbstbesinnung des Lebens' für die allseitige Weiterentwicklung der natur- und geisteswissenschaftlichen Erkenntnistheorie, ja darüber hinaus für die natur- und geistesphilosophische Wirklichkeitserkenntnis selbst von außerordentlichem Werte sein." (Mahnke, a. a. O. 2150)

Hierauf antwortet nun Husserl:

„Wie viel hätten wir miteinander durchzusprechen. Zum Beispiel im Anschluß an Ihre schöne Rezension von Diltheys *Gesammelten Schriften*, Band VII. Einer besonderen ‚Synthese' zwischen Dilthey und der Phänomenologie bedürfte es für mich

---

[21] Die betreffende Rezension erschien im 44. Heft der Deutschen Literaturzeitung im Jahre 1927, 2143–2152. Bei dieser Gelegenheit erhielt Edmund Husserl vom Verfasser einen ihm gewidmeten Sonderabdruck, der im Husserl-Archiv unter der Archivsignatur X VI 2 aufbewahrt ist. Ebenfalls unter dieser Signatur erhalten ist Dietrich Mahnkes Rezension des III. Bandes der Gesammelten Schriften Diltheys: Studien zur Geschichte des deutschen Geistes (Leipzig/Berlin 1927) im 26. Heft der Deutschen Literaturzeitung (1927) 1246–1251.

nicht. Die Phänomenologie in ihrem Durchbruch in den *Logischen Untersuchungen* war noch sehr beschränkt, ich war noch ganz unsicher hinsichtlich der Tragweite der Methode, hatte noch keine klare Vorstellung von dem universalen Felde der Phänomene als dem einer universalen Wissenschaft. Im Winter 1905/1906 erfolgte die erste ‚Synthese' zwischen Diltheys und meinen Bestrebungen, und zwar in Form einiger persönlicher Gespräche gelegentlich meines Besuches im Diltheyschen Haus.[22] (Der Anlaß war die Nachricht eines Seminarteilnehmers bei Dilthey – des Amerikaners Pitkin –, daß Dilthey wohl im Wintersemester 1904/1905 über den zweiten Band meiner *Logischen Untersuchungen* Übungen abgehalten hat.)[23] Daß Dilthey meine Phänomenologie mit der geisteswissenschaftlichen Psychologie identifizierte und in Zusammenhang brachte mit seinem Lebensziel einer philosophischen Grundlegung der Geisteswissenschaften, machte auf mich einen gewaltigen Eindruck. Ich kündigte in Göttingen sofort Übungen über Natur- und Geistes-

---

[22] Husserls eigene Angaben berichtigend, sollte sein Berliner Aufenthalt, während dessen er neben Dilthey auch Georg Simmel zu sprechen versuchte, auf Mitte März 1905 (nach Ostern und vor dem 19. März) zu datieren sein. – Vgl. zu dieser Datierung die Angaben Karl Schuhmanns in: Husserl-Chronik, 87. Die erwähnten Gespräche mit Dilthey erfolgten also wenige Wochen, nachdem Dilthey in der Gesamtsitzung der Kgl. Preuss. Akademie vom 2. März 1905 seine erste Studie zur Grundlegung der Geisteswissenschaften vorgelegt hatte, in der er – um mit Alexander Pfänders Worten zu sprechen – Husserl eine „kurze, aber rückhaltslose und eindrucksvolle Anerkennung hat zuteil werden lassen." – Vgl. A. Pfänders Brief an E. Husserl vom 31. Juli 1905. Das Original dieses Briefes befindet sich im Husserl-Archiv Leuven. – Zu Diltheys Bezugnahme auf Husserls Logische Untersuchungen in den beiden ersten Studien zur Grundlegung der Geisteswissenschaften, siehe: Der Aufbau der geschichtlichen Welt in den Geisteswissenschaften (VII, I. Studien bzw. IV. Anhang und Anmerkungen). Sämtlichen Verweisen von Dilthey zu den Logischen Untersuchungen in der zweiten Studie ist Husserl in seinem Handexemplar des VII. Bandes (Leipzig/Berlin 1927 – Archivsignatur BQ 103/7) nachgegangen.

[23] Laut Husserls Brief vom 10. August 1905 an W. E. Hocking lernte er Walter Pitkin „in den Osterferien kennen". Pitkin besuchte Husserl, um die Erlaubnis zur Übersetzung der Logischen Untersuchungen ins Englische zu erhalten. – Eine Kopie des Briefes Husserls an Hocking befindet sich im Husserl-Archiv Leuven.

wissenschaften an,[24] und von da an beschäftigten mich die zugehörigen Probleme einer geisteswissenschaftlichen Phänomenologie jahrelang fast mehr als alle anderen, obschon davon nichts bisher publiziert ist.[25]
Der im Winter 1912 zugleich mit dem I. Teil der *Ideen* entworfene II. Teil behandelte diese Probleme schon sehr breit, und neue große Studien zur Vertiefung und Erweiterung der schon richtigen Anfänge liefen von 1916 an fort.[26] Die Vordeutungen in den *Ideen I* haben Sie richtig hervorgehoben.[27] Aber schon aus die-

---

[24] Vgl. den unter Archivsignatur X VIII 2 im Husserl-Archiv aufbewahrten Anschlagzettel von Husserls Hand: „Geschichtsphilosophische Übungen in Anknüpfung an neuere Literatur. Vorbesprechung d. 3. Mai" vom 20. April 1905. Mit Ausnahme weniger Blätter (Ms. A IV 17/29–31, A VI 9/9 ‹?›) sind Husserls handschriftliche Unterlagen zu diesem Seminar nach aller Wahrscheinlichkeit nicht mehr erhalten. – Siehe ebenfalls die handschriftliche Angabe Husserls auf dem Umschlagblatt A IV 18/10: „Einige alte Blätter bis 1909 ‹von H. verbessert: 1910›: Naturwissenschaftliche und geisteswissenschaftliche Betrachtungsweise. Die ersten Anfänge fand ich schon im Konvolut über das Göttinger Seminar über Natur und Geist (weggeworfen)." Aufbewahrt ist allerdings in J. Dauberts Nachlaß (Daubertiana [A I 12]) ein „Zusammenfassendes Referat über die geschichtsphilosophischen Übungen bei Husserl am 19. VI. 1905."

[25] Husserl kündigte insgesamt sechs Vorlesungen bzw. weitere Übungen über *Natur und Geist* an: WS. 1912/1913 „Metaphysische und wissenschaftstheoretische Übungen über Natur und Geist."; SS. 1913 „Vorlesungen: Natur und Geist. – Übungen über die Ideen Naturwissenschaft und Geisteswissenschaft."; WS. 1915/1916 „Philosophische Übungen über Natur und Geist."; SS. 1919 „Vorlesungen: Natur und Geist."; WS. 1921/1922 „Natur und Geist. Vorlesungen."; SS. 1927 „Vorlesungen: Natur und Geist." Für das WS. 1916/1917 wählte er „an Stelle der im Vorlesungskatalog angekündigten Übungen über Urteilstheorie... Übungen für sehr Fortgeschrittene über phänomenologische Probleme des Geistes..." (Zusammengestellt anhand der im Husserl-Archiv unter Archivsignatur X VIII 2 bzw. X VIII 3/1 und 2 aufbewahrten Anschlagzettel und Vorlesungsverzeichnisse.) – Eine Veröffentlichung der wichtigsten Vorlesungstexte sowie ausgewählter Forschungsmanuskripte ist für die Husserliana vorgesehen.

[26] Zur Entstehungsgeschichte des zweiten Buches der Ideen, siehe Marly Biemel, Einleitung des Herausgebers in: Hua IV, XIII-XX.

[27] Vgl. Dietrich Mahnke, a. a. O. 2149f.: „... gelegentlich fordert Husserl zur Grundlegung der Erkenntnis objektiver Kulturgebilde unter

sem Teil geht hervor, daß für mich die Phänomenologie nichts anderes ist als die universale ‚absolute' Geisteswissenschaft. Leider habe ich in diesem Teil nicht schon die universale Lehre von der Einfühlung vorgetragen und als Grundstück der phänomenologischen Methode die Erweiterung der phänomenologischen Reduktion auf die Intersubjektivität, die ich schon im Wintersemester 1910/1911 in Göttingen vorgetragen hatte.[28] Der natürlich methodische Weg der Phänomenologie ist der von der ‚egologischen' Phänomenologie, wie sie in den *Ideen I* allein konkret-problematisch angedeutet ist, zur Phänomenologie der Intersubjektivität, und zwar als konkrete wissenschaftliche Ausweisung der Leibnizschen Vorschau einer ‚Monadologie'. In den Vorlesungen sprach ich vom transzendentalen Ichall oder All der transzendentalen Monaden.

Mein streng analytischer Gang in der Forschung (der allein letztwissenschaftliche nach meiner sicheren Überzeugung) brachte es mit sich, daß ich nicht mit den Ichproblemen bzw. in der Behandlung der konstitutiven Probleme den Problemen der transzendentalen Konstitution der Personalität und personaler Gemeinschaft in bezug auf eine konstituierte Umwelt anfing, sondern mit dem Bewußtseinsleben, um erst nach der Typisierung desselben nach wesensnotwendigen und wesensmöglichen Formen zu fragen, nach den Prinzipien oberster synthetischer Einheit. Für mich sind die Probleme, die Heidegger so oft behandelt hat, nichts weniger als fundamental-ontologische. Es gibt, meine ich, keine andere fundamentale Ontologie als die der transzendentalen Subjektivität, in der alle konstitutiven Probleme, die aller möglichen Welten, beschlossen sind und damit auch die radikal methodischen Probleme aller möglichen Wissenschaften, Natur- und Geisteswissenschaften.

Berufung auf Dilthey sogar ausdrücklich eine ‚Phänomenologie des Gemeingeistes' (Ideen I, 90, 279, 317f.; Logos I, 328)". – Siehe Karl Schuhmanns Neuausgabe der Ideen I (Hua III/1, 1976), 103 Z. 2 resp. 310 unten und 311 Z. 9–10; ferner 352 Z. 27–28 sowie 354.

[28] Die Vorlesungen mit dem Titel „Grundprobleme der Phänomenologie" aus dem Winter 1910/1911 hat Husserl zum Teil ohne Kollegheft frei vorgetragen. Die Vorbereitungen zum Kolleg 1910/1911 sowie der Vorlesungstext der ersten Wochen und die dazu gehörigen Beilagen (1910/1911 bis 1924) sind von Iso Kern veröffentlicht worden in: Hua XIII (Texte Nr. 5 und 6, Beilagen Nr. XVII-XXX.).

Was aber die Phänomenologie als Eidetik anlangt, so ist es ein arges Mißverständnis Diltheys gewesen, als ob ich mit dieser Wesensforschung an das tatsächliche Leben nicht herankomme und als ob ich historische und überhaupt Tatsachenforschung ausschließen wollte.[29] Ich bin nur Leibnizianer: die Erforschung der Möglichkeiten geht der der Wirklichkeiten voran – nämlich als strenge Wissenschaft verstanden. Vor aller Wissenschaft ist das Leben, letztlich das transzendentale, in dem sich aber die monadischen Subjekte und Subjektgemeinschaften für sich selbst die apperzeptive Gestalt von Menschengemeinschaften in einer raumzeitlichen Welt gegeben haben. Alle Eidetik setzt Ausgang von dem faktisch Gegebenen voraus, eventuell Phantasie, die aber selbstverständlich Abwandlung des Faktums ist. Das erste Studium ist also Einleben in die Erfahrung und naiv natürliche Umschau. Aber das ist keine Wissenschaft. Die Eidetik ist die Grundwissenschaft für alle entsprechenden Tatsachenwissenschaften, die phänomenologische Eidetik ist die absolute universale Eidetik, also die Grundwissenschaft für die absolute universale Tatsachenwissenschaft, in der alle gewöhnlichen Wissenschaften letztlich beschlossen sind. Sie befaßt recht verstanden als absolute universale Eidetik alle echten apriorischen Wissenschaften in sich, nur daß die gewöhnliche positive apriorische Wissenschaft einseitig ist, also nicht voll konkret dadurch, daß ihr die noetischen Korrelate fehlen. Das naiv gewonnene Apriori ist nur ‚Leitfaden', es ist noch nicht endgültig Begründetes. Endgültige Begründung setzt Allseitigkeit, volle Konkretion voraus, die nur in der transzendentalen universalen Forschung möglich ist. Alle Auslegung, die Dilthey versuchte, ist als gene-

[29] Vgl. Wilhelm Diltheys Brief an Edmund Husserl vom 29. Juni 1911, veröffentlicht von W. Biemel, 437: „Aber wenn Sie dann weiter... aus der allgemeinen Geltung der Idee des Wissens die Möglichkeit folgern, eine ‚giltige Religion oder Kunst' anzunehmen, und wenn Sie zwischen einer solchen und der historischen Religion das Verhältnis von Idee und getrübter Erscheinungsform möglich finden, so glaube ich allerdings, daß die Methode, welche in dem dargestellten Begründungszusammenhang meiner philosophischen Grundgedanken die historische Analyse von Weltanschauung, Religion, Kunst, Metaphysik, Entwicklung des menschlichen Geistes etc. verwertet, die Unmöglichkeit jener Begriffe aufzeigen und die Frage nach dem Wahrheitsgehalt der Weltanschauung auflösen kann."

relle Auslegung der Art des Geisteslebens und der Methode der Geisteswissenschaft überhaupt (und schließlich aller wissenschaftlichen Methode überhaupt) eidetisch und müßte so ausdrücklich begründet werden. Nur im eidetischen Denken kann das Prinzipielle eines Tatsachendenkens, und zwar als eines wissenschaftlichen, herausgestellt werden.[30] Dann aber bleibt eben das Faktum und die wirkliche Durchführung der Erforschung des Faktums, wofür dann die Eidetik die Logik, das Prinzipielle der Methode, darstellt.[31]

Daraus, daß die *Ideen* das ausschließliche Ziel einer eidetischen Wissenschaft in transzendentaler Reduktion stellen, kann ebensowenig ein Vorwurf gemacht werden, als es ein vernünftiger Vorwurf wäre, zu sagen, daß Euklides auf das Ziel einer eidetischen Geometrie sich beschränkt hat. Aber um so weniger hat der Vorwurf einen Sinn, als diese universale Eidetik eben das Prinzipielle der Methode aller erdenklichen Tatsachenwissenschaften (in der Einheit der absolut konkreten, universalen Wissenschaft, der vom Universum der Tatsachen) in sich befaßt. Die Phänomenologie ist aber darum nicht bloß Methodenlehre von Wissenschaften, sie enthüllt ja das universale Leben, in dem alle Wissenschaft, aber auch in dem alles, was sonst und in welchem Sinn immer ist (Dinge, Menschen, Kulturwerte etc.), sich konstituiert, und sie enthüllt die universale Form, die universale Typik der konkreten universalen Subjektivität, des absoluten Ichalls, das in diesem Leben sich auswirkt und auswirkend sich personal gestaltet, aus Quellen spezifischer Aktivität und auf

---

[30] Vgl. Husserls Antwort auf den Brief Diltheys vom 29. Juni 1911, veröffentlicht von W. Biemel, 438: „Alle objektive Giltigkeit, also auch die der Religion, Kunst usw. weist auf ideale und damit auf absolute (in einem gewissen Sinn ‚absolute') Prinzipien hin, auf ein Apriori, das als solches also in keiner Weise durch anthropologisch historische Faktizitäten beschränkt ist. Genau so weit, als dieses Apriori reicht, dessen allseitige Herausstellung in ontologischer und spezifisch phänomenologischer Hinsicht die große Aufgabe ist, genau so weit reicht der Sinn der betreffenden Art objektiver Giltigkeit."

[31] Biemel, 439: „Also Wahrheit einer Religion wäre etwas Relatives und doch wie alle Wahrheit ein Ideales, nämlich bezogen auf Relationen, die durch ihren Wesensgehalt Prinzipien a priori bestimmen als Bedingungen der Möglichkeit *solcher* Wahrheit überhaupt."

dem Grunde einer ebenfalls zu enthüllenden intentionalen Passivität."

Diese Ausführungen Edmund Husserls zeigen wohl noch deutlicher, als es im *Logos*-Aufsatz der Fall war, in welchem Sinne der entwicklungsgeschichtliche Standpunkt Diltheys von der Phänomenologie überschritten wird. Über die eidetische Auslegung des Geistes setzt Husserl die transzendentale, über das natürlich gewonnene Apriori das transzendentale Apriori. Das an den historischen Tatsachenwissenschaften exemplifizierte eidetische Apriori begründet eine apriorische Ontologie, welche diesen Wissenschaften zum Prinzip ihrer methodischen Ausgestaltung – eben zu systematischen Geisteswissenschaften – dienen soll. Über diese erhebt sich aber die Noetik, die Vernunftlehre. Sie wird im *Logos*-Aufsatz das eine Mal als „Metaphysik des Geistes", das andere Mal als „Philosophie des Geistes" bezeichnet.[32] Sie ist eine Rechtslehre der Vernunft, welche der Ausbildung der gesetzlichen Erkenntnis in den systematischen Geisteswissenschaften ideale Normen als transzendentale Bedingungen ihrer Möglichkeit auferlegt.

In seinem im August 1929 mit Georg Misch geführten Briefwechsel – anläßlich des Wiederauffindens der Korrespondenz mit Dilthey, die dem Erscheinen des *Logos*-Artikels 1911 gefolgt war – gibt Husserl der soeben angedeuteten Differenz zwischen seinem und dem Diltheyschen Denken einen wenn möglich noch prägnanteren Ausdruck. Wir zitieren aus Husserls Brief an Georg Misch vom 3. August 1929, in dem er auf seinen langen Ant-

[32] PhW 44, Anm. 1 resp. 55 (Husserls Handexemplar, 319 Anm. 1 bzw. 328).

wortbrief an Dilthey vom 5./6. Juli 1911 nochmals eingeht:[33]

„Durch einen glücklichen Zufall habe ich in alten Papieren zwei seit vielen Jahren vermißte Briefe Wilhelm Diltheys auf meinen *Logos*artikel bezüglich wiedergefunden. Schließlich fand ich auch ein Hauptstück einer Abschrift, die meine Tochter von meiner Antwort auf den größeren Diltheyschen Brief vom 29. Juni 1911 genommen hat. (Ich habe den Originalbrief von Dilthey mir erbeten und erhalten.) Ich bedauerte zu hören, daß dieser Brief im Dilthey-Nachlaß fehlt und so bietet dieses Stück, das offenbar das Wesentlichste enthält, einen Ersatz. Dabei sende ich Ihnen sorgsam revidierte Abschriften und hoffe, Sie und Kollege Nohl dadurch zu erfreuen.[34]
Phänomenologie dürfen Sie in diesem meinem Antwortbrief[35] ja nicht nach Scheler verstehen, sondern wie aus dem Zusammenhang hervorgeht (ganz wie in den *Ideen*) ‚konstitutiv', das ist auf

---

[33] Das Original dieses Briefes wird im Göttinger Nachlaß Wilhelm Diltheys von der Niedersächsischen Staats- und Universitätsbibliothek unter der Archivsignatur C 13 p aufbewahrt. Eine Kopie dieses Briefes befindet sich im Husserl-Archiv Leuven.

[34] Diese Abschriften bildeten die Unterlage des von Walter Biemel veröffentlichten Briefwechsels zwischen Wilhelm Dilthey und Edmund Husserl. Weder die Originale der beiden Dilthey-Briefe, noch das Original des längeren Antwortbriefes Husserls sind heute im Husserl-Archiv erhalten. Auch die von Husserls Tochter erstellte Abschrift seines Antwortbriefes fehlt; die einzig vorliegende Abschrift dieses Briefes trägt Husserls handgeschriebenen Vermerk: „Wiedergabe der allein vorhandenen Abschrift meiner Tochter" und ist maschinenschriftlich hergestellt. Die Typographie ist eindeutig die der von Eugen Fink durchgängig benutzten Schreibmaschine. Spurlos verschwunden ist schließlich die Korrespondenz, die wohl anläßlich der Zurücksendung des langen Antwortbriefes Husserls zwischen ihm und Dilthey geführt sein mag. Ein die direkte Beziehung Husserls mit der Familie Wilhelm Dilthey abschließendes Dokument bildet sein am 5. Oktober 1911 an Frau Catharina Dilthey gerichtetes Kondolenzschreiben, das in der Niedersächsischen Staats- und Universitätsbibliothek unter der Signatur C 15 b des Dilthey-Nachlasses vorliegt.

[35] Gemeint ist hier die Antwort vom 5./6. Juli 1911 auf Diltheys Brief vom 29. Juni 1911. – Siehe W. Biemel, 438ff.

die Wesenskorrelation von Bewußtsein und Sein bezogen. Die Relativität der Natur meint ebenso nicht die ins Unendliche fortlaufenden Relationen der Naturobjekte in die Alleinheit der Natur, sondern, wieder konstitutiv, die Relativität der erfahrenen Natur als solcher, der anschaulichen, aber auch der naturwissenschaftlichen Natur (der jeweils für uns bzw. für die Wissenschaften schlechthin seienden, als seiend geltenden) auf die jeweilige konstitutive Subjektivität (Intersubjektivität, Forschergemeinschaft in ihrer historischen Zeit). Ich ersah selbst, daß ich schon damals ein absolutes Sein der Natur aufgegeben hatte (mit absolut gültigen Naturgesetzen); ferner, daß ich trotz des vergröbernden *Logos*artikels, der populär sein sollte (!), die Phänomenologie als radikale und universale ‚Geisteswissenschaft' auffaßte – unvergleichlich radikaler als Dilthey – radikaler durch die phänomenologische Reduktion (zuerst 1907 in Vorlesungen explizit vorgetragen),[36] während Dilthey sich an die historischen Geisteswissenschaften band und damit an die vorgegebene Welt und an eine Anthropologie. Ich habe noch allerlei zu sagen: Worauf die *Ideen* – ein Bruchstück – hinauszielten, was in den 15 Jahren nachher ausgeführt, fortgeführt wurde, beginne ich aber erst in Publikationen klarzulegen und hoffe so die konstitutive Phänomenologie als das unum necessarium zu erweisen."

Zu diesen letzten Zeilen ergänzt Husserl am Rande:

„Die geplante Notiz im *Logos*[37] sollte gemäß Diltheys Wünschen zusammengehen mit einer am ‚Aufbau' anknüpfenden Behandlung der inneren Zusammengehörigkeit der Diltheyschen und meiner Intentionen.[38] Während des eingehenden Studiums des

---

[36] In der Einleitung zu der sogenannten *„Dingvorlesung"*, die Husserl April-Mai 1907 in Göttingen gehalten hat. Die fünf Vorlesungen sind von Walter Biemel als „Die Idee der Phänomenologie" veröffentlicht worden in Hua II.

[37] Vgl. dazu Husserls Antwortbrief vom 5./6. Juli 1911 an Dilthey, veröffentlicht von W. Biemel, 438: „Ich will auch sogleich im *Logos* eine Note veröffentlichen..."

[38] Vgl. W. Diltheys Schreiben vom 10. Juli 1911, ebd. 442: „Daß Sie beabsichtigen, in einer Notiz im nächsten Heft des *Logos* das Mißver-

Aufbaus[39] ward uns Dilthey entrissen. Aber ich wurde mit mir und Dilthey nicht fertig und schließlich sollte der II. Teil der *Ideen* (dessen erster Entwurf schon 1912 zugleich mit dem des I. Bandes erfolgte), der sich breit mit ‚Natur- und Geisteswissenschaften' auseinandersetzte, diese Klärung bringen. Aber...!"

„Trotz der aufklärenden Ausführungen Ihres Antwortbriefes,"[40] so reagiert Georg Misch am 9. August 1929 auf Husserls Brief,[41] „bleibt hier auch wohl noch eine prinzipielle Schwierigkeit zurück: der Sinn, in welchem der Apriorismus dank Ihrer neuen phänomenologischen Grundlegung festgehalten werden darf und muß." Gibt es eine Möglichkeit, wenigstens von dem unmittelbaren Kontext her, aus dem der *Logos*aufsatz hervorgegangen ist, den Sinn der von Husserl anvisierten „Noetik", „Rechtslehre" einigermaßen bestimmt zu fassen?
In den Schlußparagraphen des ersten einleitenden Buches der *Einleitung in die Geisteswissenschaften* hat Wilhelm

---

ständnis zu berichtigen, als seien Ihre Argumentationen, den Historizismus betreffend, gegen mich gerichtet, nehme ich mit aufrichtigem Dank an. Denn das Mißverständnis ist nicht nur das meinige, es ist von verschiedenen und beachtenswerten Seiten geteilt worden. Vielleicht gibt Ihnen meine Arbeit über den *Aufbau der Geisteswissenschaften* einen natürlichen, unauffälligen Anlaß, da ja in ihr meine Richtung auf eine allgemeingültige Grundlegung der Geisteswissenschaften und auf Darstellung der Objektivität der geschichtlichen Erkenntnis so deutlich hervortritt."

[39] Ende September-Anfang Oktober 1911 las Husserl das ihm am 21. Dezember 1910 von Wilhelm Dilthey gewidmete Exemplar des Aufbaus der geschichtlichen Welt in den Geisteswissenschaften. Studien von Wilhelm Dilthey. Erste Hälfte. (Aus den Abhandlungen der Kgl. Preuss. Akademie der Wissenschaften vom Jahre 1910), 1910 (Archivsignatur BQ 96).

[40] Gemeint ist hier wiederum Husserls Antwort vom 5./6. Juli 1911 auf Diltheys Schreiben.

[41] Das Original dieses Briefes Georg Mischs an Edmund Husserl befindet sich im Husserl-Archiv Leuven.

Dilthey darzulegen versucht, daß die Aufgabe, die sich die klassische Philosophie der Geschichte (von Vico bis Hegel bzw. Schleiermacher) sowie die neuere Soziologie der französischen und englischen Schule (Auguste Comte und John Stuart Mill) gestellt haben, eigentlich eine unlösbare sei. „Unter Philosophie der Geschichte", so schreibt Dilthey, „verstehe ich eine Theorie, welche den Zusammenhang der geschichtlichen Wirklichkeit durch einen entsprechenden Zusammenhang zu einer Einheit verbundener Sätze zu erkennen unternimmt. Dieses Merkmal der Einheit des Gedankens ist von einer Theorie unabtrennbar, welche eben in der Erkenntnis vom Zusammenhang des Ganzen ihre unterscheidende Aufgabe hat. Daher hat die Philosophie der Geschichte bald in einem Plan des geschichtlichen Verlaufs diese Einheit gefunden, bald in einem Grundgedanken (einer Idee), bald in einer Formel oder einer Verbindung von Formeln, welche das Gesetz der Entwicklung ausdrücken. Die *Soziologie*... steigert noch diesen Anspruch der Erkenntnis, indem sie vermöge der Erfassung dieses Zusammenhangs eine wissenschaftliche Leitung der Gesellschaft herbeizuführen hofft."[42] Zu einer solchen Ganzheitserkenntnis der geschichtlichen Wirklichkeit schreitet die Philosophie der Geschichte fort vermittels Allgemeinvorstellungen, die sich in den notiones universales, den Allgemeinbegriffen, niederschlagen. Anstatt sich der Methode der geschichtlichen Analyse, der Zergliederung und der vergleichenden Betrachtung zu bedienen und Selbstbesinnung zu üben, verbleibt diese Philosophie in Allgemeinvorstellungen, die einen „Totaleindruck des geschichtlichen Verlaufs in einer Abbreviatur wie eine Wesenheit hinstellen oder dieses zusammengezo-

[42] I, 93. – Dieser Abschnitt von H. am Anfang angestr. (Handexemplar, 116).

gene Bild von einem allgemeinen metaphysischen Prinzip aus entwerfen“ (I, 98). Von keinem anderen Bestandteil könnte nun mit so prägnanter Deutlichkeit gezeigt werden, daß er seinen Rückhalt in der Theologie gehabt hat, und wie er, nachdem er sich einmal von diesem theologischen Hintergrund losgelöst hat, zu einer metaphysischen Kathederphilosophie herabsinkt. Gibt es etwas, das als Wahrheitserkenntnis hinter der Hoffnung der Philosophie der Geschichte verborgen ist, dann ist es – laut Dilthey – folgendes: „geschichtliche Forschung auf dem Grunde einer möglichst umfassenden Beherrschung der Einzelwissenschaften des Geistes“,[43] verbunden mit Erkenntnistheorie.

Kehren wir aber mit der Phänomenologie, indem sie über die historische Tatsachenerkenntnis eine Wesenserkenntnis etabliert, nicht zu jenen Allgemeinvorstellungen zurück, die nach Dilthey den Kerngehalt des natürlichen Systems der Geisteswissenschaften gebildet haben? Übersteigt die phänomenologische Wissenschaft noch das Feld der apriorischen Ontologie, erhalten wir dann auf ihrem transzendental-philosophischen Boden, dem der spezifischen „Vernunftlehre“, der normativen Noetik, nicht alle die metaphysischen Prinzipien zurück, jene Gespenster, die eine von den Einzelwissenschaften abgelöste Philosophie in der Vergangenheit schon einmal hervorgerufen hat?

Aus dem Schlußteil der Vorlesungen über die *Logik als Theorie der Erkenntnis*, die Husserl im Winter 1910/1911 gehalten hat und die mit dem Erscheinen des *Logos*aufsatzes in einen inneren Zusammenhang gebracht werden müssen, geht zunächst einmal deutlich hervor, daß er sich der ungeheuren Anmaßungen, die mit der Herausbildung

[43] I, 94 – dieser Satzteil von H. unterstr. (Handexemplar, 118).

einer apriorischen Ontologie des Geistes (des individuellen und gemeingeistigen subjektiven Lebens) gestellt waren, wohl bewußt war. „So fern liegt“, so notierte er, „insbesondere den Soziologen und Historikern der Gedanke einer apriorischen Wesenslehre des gemeingeistigen Lebens und seiner objektiven Korrelate, daß wohl schon die Behauptung, es könne dergleichen überhaupt geben und sei das notwendige Erkenntnisfundament aller echten Sozialwissenschaft, von den Soziologen zweifellos für Mystik oder Scholastik erklärt werden würde.“ [44] Andererseits bleibt in diesen Vorlesungen die konkrete Bedeutung, die einer normativen Noetik für die spezifische Domäne der geisteswissenschaftlichen Erkenntnisse beigemessen werden müßte, noch weitgehend ungeklärt. Denn Husserl bemühte sich in den Vorlesungen vor allem darum, die Idee der Noetik über die Region des wertfreien Daseins hinaus auf die Axiologie und Praktik zu erweitern. Wie weit er sich eben zu diesem Zeitpunkt bereits von Diltheys entwicklungsgeschichtlichem Standpunkt entfernt hat, wie stark er von der Idee einer Vernunftmetaphysik gefesselt war, zeigen aber folgende Ausführungen:

„Natürliche Kulturentwicklung muß sich (das ist der notwendige Gang im Leben der Menschheit von der Stufe der Natur zur Stufe der Vernunft) wandeln in wissenschaftlich fundierte Vernunfthandlung. Ebenso wie es im Leben der einzelnen Persönlichkeit nicht sein Bewenden haben darf mit einem natürlichen Dahinleben, vielmehr das individuelle Leben in seiner gesamten Einheit den Charakter eines Vernunftwerkes annehmen muß, so hinsichtlich der gesamten Menschheits- und Kulturentwicklung. Wie Selbstbildung und Gemeinschaftsbildung gemäß höchster Vernunftideen zu vollziehen sei, welche idealen Möglichkeiten hier überhaupt bestehen, und wie es mit ihrer Wertordnung und

---

[44] Vgl. Ms. F I 12/38a ‹„und Historikern“ Einf. m. Bleist.›.

ihrer praktischen Realisierbarkeit sich verhält: das zu erforschen, das ist Sache strenger Wissenschaft, zunächst jener höchsten konstruktiven Normenlehre, von denen wir vorhin gesprochen haben, und den an sie angelehnten empirisch-praktischen Kunstlehren."[45]

„Es ist klar, daß sich Möglichkeiten ergeben, in wissenschaftlicher Weise Systeme apriorischer Normen aufzustellen, welche für alle intelligenten Geister überhaupt, innerhalb einer Natur lebende und unter Vernunftmotiven stehende, in unbedingt allgemeiner Weise gültig sind. Ebenso Normen für Gemeinschaften von Geistern, für ideale Staaten usw. Schließlich können wir in diesen Betrachtungen, dabei immer streng wissenschaftlich verfahrend, so hoch emporsteigen, daß wir Fragen erwägen und beantworten können wie Folgende: Wie muß eine Welt beschaffen sein, damit sie höchsten intellektiven, ästhetischen und praktischen Idealen gemäß sei, damit sie also den denkbar höchsten axiologischen Idealen entspräche. Und umgekehrt hätten wir daran dann eine absolute Norm, um an der gegebenen Welt, mit der gegebenen Menschheit zu jeder bekannten historischen Epoche, der gegebenen Kultur und Kulturentwicklung Kritik zu üben, sie also teleologisch zu beurteilen, sowie andererseits, soweit unsere Machtssphäre reicht, da auch praktische Ziele, individuelle Ziele und gemeinschaftliche Ziele zu schaffen."[46]

---

[45] Vgl. Ms. F I 12/54 a ‹„individuelle" Einf. m. Bleist. –" so hinsichtlich der gesamten Menschheits- und Kulturentwicklung" Einf. m. Bleist.›.
[46] Vgl. Ms. F I 12/ 50 a-b ‹„eine absolute Norm" Bleistiftverb. f. „ein Maß"›.

Dilthey „und“ Heidegger. Zur Geschichtlichkeit des Menschen

Von Heribert Boeder, Braunschweig

Die „existential-zeitliche Analytik des Daseins ist entschlossen, den Geist des Grafen Yorck zu pflegen, um dem Werke Diltheys zu dienen“ (SuZ, 403). So lauten Heideggers Schlußworte seiner Erörterung von „Zeitlichkeit und Geschichtlichkeit“ – dies im Zuge der Vorbereitung, welche *Sein und Zeit* für die „Frage nach dem Sein überhaupt“ erbringt (ebd.).

Dem Werke Diltheys dienen, aus dessen Aneignung die daseins-analytische „Auseinanderlegung des Problems der Geschichte“ erwachsen ist (SuZ, 397). Was bezeugt diese emphatisch bekundete Absicht in Heideggers späterem Werk? Nichts. – Das ist die Antwort. Sie bleibt auch dann erstaunlich, wenn schon zu Beginn jenes Werkes die Daseins-Analytik von der sogenannten Lebensphilosophie, insbesondere von der geisteswissenschaftlichen Psychologie eigens abgegrenzt wird (SuZ, 46). Von dorther war bereits zu erwarten, daß der besagte Dienst keine Nachfolge bedeuten könne. Dennoch bleibt nach den angeführten Worten das Verschwinden Diltheys aus dem Gesichtskreis der heideggerschen Besinnung merkwürdig.

Wer nach Wirkungen sucht, mag zwar in ihrer späteren, reifen Gestalt mancherlei finden – bis in die Rücksicht auf die Nachbarschaft von Dichten und Denken. Aber derlei läßt sich schwerlich als Zeugnis der erwähnten Entschlossenheit deuten – zum Dienst an Diltheys Werk und demzuvor zur Pflege der Yorckschen Nachdenklichkeit –, ihres Geistes, ohnehin nicht ihres Buchstabens.

Sind die beiden später vergessen? Offenbar nicht, wenn in dem Vortrag *Die Zeit des Weltbildes* eine schneidende Bemerkung zur anthropologischen Deutung des Seienden im Horizont des Erlebens fällt (Holzwege, 86); um so weniger, wenn es da in einem Zusatz heißt: „Durch die Anthropologie wird der Übergang der Metaphysik in den Vorgang des bloßen Aufhörens und Aussetzens aller Philosophie eingeleitet. Daß Dilthey die Metaphysik leugnete, im Grunde schon ihre Frage nicht mehr begriff und der metaphysischen Logik hilflos gegenüberstand, ist die innere Folge seiner anthropologischen Grundstellung. Seine ‚Philosophie der Philosophie' ist die vornehme Form einer anthropologischen Abschaffung, nicht Überwindung der Philosophie." (Holzwege, 92)
Nicht nur im Blick auf Dilthey ist dieses Urteil schneidend. Wenn es keinen Beifall findet, sollte demzuvor klar sein, daß es keinen sucht. Seine Anstößigkeit, seine Unannehmlichkeit setzt es noch nicht ins Unrecht. Jedenfalls darf es nicht übergangen werden, wenn von Dilthey und Heidegger die Rede sein soll. Es läßt auf den Riß aufmerksam werden, der den anderen vom einen getrennt hat – so entschieden, daß da nicht einmal mehr die Beziehung des Gegensatzes waltet. Diesen Riß zu verdeutlichen, sei im folgenden versucht.

In *Sein und Zeit* wird Dilthey's Besinnung als Vorgabe aufgenommen, vertieft und bereichert – nicht anders als schon von Husserl, dessen Stellungnahme zu Dilthey Heidegger eigens zitiert (SuZ, 47 Anm. 1). Weder für den einen noch für den anderen kommt Abhängigkeit in Betracht und doch können beide beanspruchen, eine in Dilthey angelegte Tendenz fortzusetzen. So bemerkt Heidegger, wo er das Problem der Geschichtlichkeit einführt: „Im Grunde geht es der folgenden Analyse einzig darum,

die der heutigen Generation erst noch bevorstehende Aneignung der Forschungen Diltheys an ihrem Teil wegbereitend zu fördern." (SuZ, 377)
Diese Forschungen sieht Heidegger nach drei Themenkreisen gegliedert. Da ist zuerst die Theorie der Geisteswissenschaften und deren Abgrenzung von den Naturwissenschaften; sodann die Geschichte der Wissenschaften vom Menschen; schließlich eine Psychologie, welche „die ganze Tatsache Mensch" zur Darstellung bringen soll; und alles dieses gesammelt auf das eine Ziel: das Leben zu erschließen, wie es die dem Menschen eigentümliche Seinsweise ist – diese ebenso als Gegenstand wie als Wurzel der Geisteswissenschaften verstanden. In dieser Kennzeichnung liegt die Vorgabe für Heideggers eigenes Vorhaben, nämlich die Analytik des Daseins, auf der Hand. Jenseits solcher Absicht bleibt sie aber derart unbestimmt, daß er selber den Eindruck von „Zwiespältigkeit und unsicherem, zufälligem Probieren" im Werke Diltheys eigens abwehren und zugleich auf eine „elementare Unruhe" in ihm zurückführen muß (SuZ, 398).
Was bedeutet es aber, daß weder Dilthey noch Husserl noch auch Wittgenstein ihrem Hauptwerk die Beruhigung systematischer Geschlossenheit geben konnten? Bekanntlich bleibt Heidegger selber ihnen darin verwandt. Was nun die angeführte Kennzeichnung des diltheyschen Werkes anlangt, dient sie wohl seiner Aneignung, nicht jedoch einer Verdeutlichung des späteren Risses. Wie ist es eben daraufhin zu fassen? In ihm selbst.
Wo äußerste Vereinfachung eines Gedankens nötig ist, empfiehlt sich als Leitwort eine Wendung des späten Heidegger. Sie lautet: „Die Bestimmung der Sache des Denkens". Eben daraufhin sei Dilthey und auch Heidegger selbst angesehen, um zu erkennen, was beide voneinander trennt. Zur Verdeutlichung hilft diese Wendung eigentlich

erst dann, wenn ihre Termini im einen wie im anderen Falle je für sich zur Bestimmtheit gebracht werden; erst dann erschließt sich ihr Verhältnis; erst dann zeigt sich auch dessen Verwandlung und schließlich die unterscheidende Kraft der Bestimmung in ihm.

Aus systematischen Gründen, die hier übergangen werden können, sei bei der Sache der diltheyschen Besinnung begonnen, und zwar ihrer unmittelbaren Bestimmtheit nach. Sie ist die gesellschaftliche Wirklichkeit – allerdings nicht so, wie sie dem in ihr Lebenden schlicht gegeben ist, sondern als ein von den betreffenden Wissenschaften bereits verarbeitetes Material (I, 24). Warum das? Es geht Dilthey um eine Grundlagen-Wissenschaft, welche der vergangenen Metaphysik (I, 384) ebenbürtig sein soll, und zwar als Anthropologie, nicht mehr als reine Vernunftwissenschaft. Da ist von Menschheit nicht auf die Vernunftbestimmung des Menschen, sondern auf die Erfahrungstatsache hin die Rede, welche der Gesamtzusammenhang gesellschaftlicher Wechselwirkungen ist (V, 250). Er heißt auch „geistige Welt“, weil ihm Wertgestaltung und Zwecksetzung eigen sind (V, 4). So ist denn die Abgrenzung der sogenannten Geisteswissenschaften von den Naturwissenschaften zugleich eine Begrenzung des Feldes der geforderten Grundlagenwissenschaft.

Wie ist die gesellschaftliche Wirklichkeit, unterschieden in die Systeme der Kultur und die Verbände von Familie und Staat, ein eigenes Ganzes neben und in der Natur? Nur insofern als alles für die Geisteswissenschaften Gegebene etwas vom Menschen Hervorgebrachtes ist und also geschichtlich (VII, 148). Geschichte ist das Leben in Rücksicht auf das Ganze der Menschheit (VII, 256). Wenn diese auf den Schichten und Trümmern ihrer Produkte, ihrer Vergangenheit lebt (I, 25), dann doch ebenso in und mit ihr, weil die Geschichte nicht nur vergangenes, sondern zugleich verstandenes Leben ist, das in seinen Produkten verstehbar bleibt (VII, 255). Eben daraus erhellt der Vorzug der Wissenschaften der geistigen Welt vor denen der Natur und so auch die Stellung ihrer Grundlegung als Erste Wissenschaft. Ihr Gegenstand ist nämlich aus ihm selbst zu verstehen. Sind doch die Erforscher der geschichtlichen Welt desselben Wesens wie jene, die sie gemacht haben und machen – Individuen, deren Verstehen im eigenen Erleben fundiert ist, die in ihrer Welt und an deren Produkten immer schon vormals Erlebtes nacherleben und verstehen, und eben deshalb auf geschichtliche Weise sind.

Die geschichtlich-gesellschaftliche Wirklichkeit wird zwar nicht durch sich selbst begriffen, wohl aber aus ihr selbst verstanden, weshalb diese Sache von ihrem Ursprung her, nicht in ihrem Grunde bestimmt ist. Unter welcher Bestimmung steht sie? Unter derjenigen ihrer vielen Elemente; das sind die verschiedenen Individuen als schaffende. Ihr Wille, ihr Kampf, ihre Arbeit, ihr Wecken und Befriedigen von Bedürfnissen bringt die Geschichte hervor, in der das eine, an ihm selbst Geheimnis bleibende Leben gegenständlich wird (V, 131). Im Gestalten von Werten und Setzen von Zwecken geben die Individuen als Lebens-Einheiten den einzelnen Erscheinungen der gesellschaftlichen Wirklichkeit einen Sinn; und von ihr her hat auch das Ganze ihrer Geschichte jeweils einen Sinn (VII, 172) – allerdings kein Ziel; denn gemeinsame Ziele können nur diejenigen einer Gesellschaft in den Grenzen ihrer jeweiligen Welt sein (VII, 185).

Wie aber wird das Individuum sinn-gebend und also bestimmend? Innerhalb der Geschichte tritt es als Kreuzungspunkt im Geflecht von Wirkungszusammenhängen auf (VII, 135), steht da als Selbst mit seinem Milieu in Wechselwirkung (VII, 161). Ein Selbst ist es aber nur im

Bewußtsein der Selbigkeit des ihm eigenen Lebensprozesses, wie er sich in Wollen, Fühlen und Vorstellen auseinanderlegt (I, 50). Die selbstische Lebenseinheit ist Selbstzweck und dies im Geflecht ihrer vitalen Schätzungen und Triebe (V, 373). Ihre vitalsten Interessen gehen auf Unterwerfung und Veränderung von Sonstigem, weil auf Beschaffung von Mitteln zur Befriedigung ihrer Bedürfnisse, letztlich auf die Sicherung ihrer selbst sowie ihres Eigentums (I, 77). Zutiefst für sich selber (I, 74) ist ein Selbst aber erst dort, wo es sich unabhängig von der Naturordnung weiß, und zwar aus der Erfahrung von Hingabe und Verzicht (I, 385). Eigentlich wird es erst aus diesem Bewußtsein der Unabhängigkeit für die geschichtliche Welt zur Bestimmung – derart, daß es sie in sich zusammenfaßt, repräsentiert und voranbringt (VII, 255).

Erkannt wird diese Bestimmung in ihrer geschichtlichen Wirksamkeit durch Analyse eines Lebenslaufs in jene Struktur-Einheiten (VII, 237), welche die Wechselwirkung von Ich und Umwelt ausweisen (VII, 21). Das sind die Erlebnisse. Sie sind die Urzellen der geschichtlichen Welt (VII, 161) und von ihnen hat deren Erkenntnis auszugehen; kann sie doch hinter das Leben, wie es sich in der Bestimmtheit von Erlebnissen darstellt, nicht zurückgehen (VII, 237); denn schon das Denken ist nur im Zusammenhang der seelischen Struktur gegeben (V, 5).

Welches Denken entspricht nun der besagten Sache und ihrer Bestimmung? Nicht die wissenschaftliche Erkenntnis, in deren Bearbeitung das Material der Geschichte gegeben ist, vielmehr die Selbstbesinnung. Sie bringt die historische Erkenntnis der Individuen mit dem Bewußtsein des Forschers von den Wert-Verhältnissen zusammen, die sein Wille und sein Gefühl im Leben finden (I, 34), bringt sein Erkennen im Verstehen mit seinem Erleben zur Wechselwirkung (V, 341) und verlebendigt eben dadurch die erkannte Geschichte (VII, 119). Dementsprechend stellt sie der Grundlegung die doppelte Aufgabe einer Erkenntnistheorie und einer Psychologie (I, S. XVI) – zuletzt einer Methode des Verstehens. Sie sollen den Erkenntnisverband der Geisteswissenschaften sichern (I, 119), damit diese ihre Dienlichkeit für die Lebenspraxis beweisen, aus der sie erwachsen sind (I, 21). Nur indem sie die Bedürfnisse des praktischen Lebens erkennen (I, 4), gewinnen sie Einfluß auf es (I, S. XVI), mehr noch: Macht (I, 342), die Gesellschaft bewußt mitzugestalten (I, 3). Wie sie Organ oder Instrument sind, so auch die Philosophie, in der die Selbstbesinnung sich selber faßt. Sie ist eine Funktion der Gesellschaft (V, 366), eines der Kultursysteme in ihrem Haushalt. „Sie ist das Mittel eines weltfreudigen, in der Kraft des Gedankens selbständigen Daseins und Wirkens.“ (VIII, 176) Genau daran springt der Sinn der Selbstbesinnung ihrerseits heraus: in der Autonomie des Gedankens (VIII, 176) Werte, Zwecke und Regeln des gesellschaftlichen Lebens zu ermitteln (V, 371). Dies verlangt von der Philosophie, daß sie Weltanschauung werde. Inwiefern? Nur als solche reicht sie hinab in das ewige Innere des religiösen Erlebens (I, 144), dessen das wissenschaftliche Erkennen nicht Herr werden kann (I, 137). Nur als Weltanschauung vermag sie in das Gefühl unbedingter Abhängigkeit des handelnden Menschen einzugreifen (I, 136). Nicht um es zu tilgen, sondern um es zu durchdringen, und zwar mit dem geschichtlichen Bewußtsein. Dieses erbringt die „vollständige Anerkennung der Immanenz auch der als unbedingt auftretenden Werte und Normen“ (VII, 290) und so auch der Endlichkeit des Lebens, das sich in ihnen ausdrückt. Eben dadurch wird das geschichtliche Bewußtsein zur letzten Befreierin des menschlichen Geistes (V, 9) im Geschichts-Prozeß der Lösung des Seelenlebens aus seiner ursprünglichen Ge-

bundenheit. In ihm erfüllt sich die Aufgabe der diltheyschen Vernunft.
Als deren Grundstellung zeigte sich folgendes Verhältnis: Sache ist die sich selbst verstehende, nämlich geschichtlich-gesellschaftliche Wirklichkeit, wie sie als ganze in historischer Bearbeitung gegeben ist; ihre Bestimmung liegt im Unabhängigkeits-Bewußtsein der produktiven Lebens-Einheiten; das ihr gemäße Denken ist die Selbstbesinnung, in der die geisteswissenschaftliche Erkenntnis zur Bildung des geschichtlichen Bewußtseins verwertet wird, um darin selber zu geschichtlicher Bedeutung zu kommen.

Wie begegnet dem Heidegger? Offensichtlich über das entsprechende husserlsche Verhältnis. Statt mit der Sache setzt es mit dem Denken, nämlich der phänomenologischen Anschauung ein, um über die Sache, welche der reine Erlebnisstrom und die ihm eigentümliche Zeit ist, die sinngebende Bestimmung zu erreichen, nämlich den Akt des cogito. Genau dieser wird für Heidegger zum Anstoß, mit der Frage nach dem Sinn von Sein eine verwandelte Bestimmung aufzusuchen – im Ausgang von der ursprünglichen Zeitlichkeit, der husserlschen Sache. Von der „freischwebenden Erlebnisfolge der Subjekte" (SuZ, 388) blickt er auf Diltheys Geschichte gegenständlich gewordener Erlebnisse zurück, um die „Geschichte als Geschehen des In-der-Welt-seins" zu erschließen und von der Geschichtlichkeit des Daseins her zu zeigen, wie der Sinn seines Seins die Zeitlichkeit ist.
Während Wittgenstein von der Welt der Tatsachen, bzw. sinnvoller Sätze ausgehend, erneut ein sinngebendes Subjekt erreichte, nämlich die sich verständigende, über ihre Verständigungsregeln verständigte Gruppe, erwies sich jene Vorbereitung der Frage nach dem Sinn von Sein für

Heidegger bald als eine Sackgasse, und zwar bei dem Versuch, gegen die Tradition der neueren Philosophie die Bestimmung gerade nicht in einem menschlichen Subjekt zu sehen. Er erkennt: die Sinn-Frage selbst und die in ihr liegende Rücksicht auf das Verstehen verhindert die sachgerechte, insbesondere dem Da des Daseins gemäße Antwort. Er bricht aus dieser ganzen, von Dilthey eröffneten Dimension der Besinnung auf den Lebensboden der Wissenschaft aus, indem er die Frage nach dem Sinn von Sein in diejenige nach der Wahrheit des Seins wendet. Sie bestimmt sich fort zur Frage nach der ursprünglichen Unwahrheit und letztlich nach der ausgebliebenen Wahrheit des Seins. Mit ihr bricht Heidegger in die Dimension der marx'schen und nietzscheschen Besinnung auf das Wesen des Menschen ein.

Doch war dieses nicht schon in *Sein und Zeit* thematisch? Sehr wohl, und zwar im Sinne der phänomenologischen Unterscheidung von Tatsache und Wesen. Eben daraufhin führt der bahnbrechende Vortrag *Vom Wesen der Wahrheit* das Wesen in verwandelter Bedeutung ein – dies im Hinausgehen über das Wahrheits-Verständnis der philosophischen Tradition, auch noch über die ALÄTHEIA als Entdecktheit hinaus. Wohin? Dies mag aus dem Grundriß der heideggerschen Besinnung ersichtlich werden. Doch zuvor eine Zwischenbemerkung.

Eine weit verbreitete Meinung sagt, bald nach *Sein und Zeit* habe sich Heidegger von der Philosophie, zumal der wissenschaftlichen, entfernt und sei darüber zunehmend unverständlich geworden. Dem sei nicht widersprochen, um so weniger, wenn jene durchschnittliche Verständlichkeit erwartet wird, deren Durchschnitt auch durch die Verständigungsregeln einer Sachverständigengruppe gegeben sein kann. Die wachsende Unverständlichkeit ist um so auffälliger, als Wittgenstein in der von Heidegger verlassenen Dimension immer verständlicher und sogar allgemeinverständlicher wird, eigens dem Selbstverständlichen entgegenkommt. Daß diese Gegenläufigkeit nicht von ungefähr auftritt, erhellt aus der unterschiedlichen Stellung beider zur Sprache. Indem Heidegger ihre instrumentale Deutung verläßt, tritt auch ihre Verständigungsfunktion zurück – dies um so mehr, als das Verständigtsein über den Sinn des jeweils Gesagten in seiner Besinnung immer wieder zerbricht. Weshalb?

Dies erhellt aus dem erwähnten Vortrag, dessen Bewegung ihm rückblickend als „die Sage einer Kehre innerhalb der Geschichte des Seyns" erscheint (Vom Wesen der Wahrheit, 97). Welchen Seins? Nicht des Seienden im Allgemeinen, nicht des höchsten Seienden, sondern dessen, was ihm „das Ereignis" schlechthin ist. Keine Geschichte, die am Erleben ihr Continuum, an den Erlebnissen ihre Wurzeln hat. Aber auch keine Geschichte, wie sie dem objektiven Geist angesehen wurde. Das besagte Sein hat selber keine Geschichte, ist vielmehr deren einziges Ereignis, und zwar in der Weise des Schickens, will sagen: eines Gebens, das an sich hält, in diesem Sinne „epochal" ist. Genau hier erreicht Heidegger den Ort, an dem sich das Grundverhältnis seiner Besinnung entfaltet.

Mit der Wende seiner Frage nach dem Sinn von Sein zu derjenigen nach der Wahrheit des Seins und so auch nach dem Da des Da-seins tritt die Bestimmung von Sache und Denken unvermittelt auf, und zwar als die Lichtung, als ALÄTHEIA, als Entbergung einer Verbergung, die im Verhältnis von Sein und Mensch als Entzug und Vorenthalt des Seins selbst erfahren wird. Was sagt diese absonderliche Rede? Sie spricht von einer Bestimmung, deren Erfüllung noch aussteht und die Unterscheidung des Menschen in seinem Wesen betrifft – mit Kant gesprochen: seine Unterscheidung von sich selbst. Heidegger spricht aus einer Entzugs-Erfahrung, die ebenso Marx wie Nietzsche gekannt haben – der eine angesichts der gesellschaftlichen Produktionsverhältnisse, der andere angesichts des Selbstverhältnisses der Schaffenden. Aus der in beiden Fällen vorgängigen Ansicht der Sache gewinnt dort die ausstehende Erfüllung der Bestimmung ihre Verständlichkeit. Nicht so bei Heidegger. Was immer er zu ihrer Erläuterung anführt, hat sie bereits zur Vorgabe. Eben deshalb verlangen seine Hinführungen zu ihr immer wieder einen Sprung. Der ursprüngliche Entzugscharakter der Wahrheit des Seins ist aus nichts anderem zu erklären. Ist sozusagen reines Faktum ohne möglichen Rückgriff auf ein Wer als Ursache oder auf ein Was als Substanz, eigentlich nicht einmal Faktum, sondern Zuspruch.

Das ihm, bzw. der Entbergung einer ursprünglichen Verbergung entsprechende Denken ist Andenken als Erinnerung einer wachsenden Vergessenheit. Was dieses Andenken erbringt, ist die Auseinandersetzung seines anderen zum ersten Anfang des Denkens, ist der Schritt zurück in ein anfänglicheres Denken, das die Geschichte, sofern sie die Metaphysik ist, verabschiedet; und zwar als eine Folge verdeckender Schichten, welche schließlich von dem Anfang als einer Entscheidung auch nicht mehr die Spur erkennen lassen. Das Andenken verfährt aber nicht entdeckend; vielmehr läßt es die Entbergung sein, die der Bestimmung selbst eigentümlich ist. Es entwickelt nichts, erfragt nichts, erkundet nichts. Es weiß sich hervorgerufen und hört, ist reine Erkenntlichkeit oder Dank – ohne jedoch für etwas zu danken; denn es verhält vor dem, was in seinem Geben mit sich selbst an sich hält, Schickung ist (Zeit und Sein, 8).

Hatte nicht schon Dilthey das Denken von dem der Metaphysik trennen wollen? Der von ihm selbst veröffentlichte Teil seiner *Einleitung in die Geisteswissenschaften* hatte es in der Hauptsache mit ihrer Herrschaft und ihrem Verfall zu tun; dies in der Absicht zu zeigen, daß eine nichtmetaphysische Grundlegung dieser Wissenschaften an der Zeit ist. Die Metaphysik erscheint da als ein längst überfälliger Irrtum; und doch bedurfte es der Arbeit des wissenschaftlichen Bewußtseins durch die ganze Neuzeit hindurch, ihn aufzulösen, insbesondere das Ideal des logischen Weltzusammenhangs. Die neueren erkenntnistheoretischen Systeme waren „gleichsam die Euthanasie der Metaphysik" – wie Dilthey sich beschwichtigend ausdrückt (I, 405). Ein Traumbild von Erkenntnis hat sich da aufgelöst. Für das Erleben ist sie ebenso schmerzlos wie unwiederbringlich abgelebt.

Nicht so für die heideggersche Besinnung; nicht so für die Sache des Denkens aus der angegebenen Bestimmung, nämlich nicht für das Da-sein. Seinetwegen ist und bleibt die Metaphysik, also auch die durch sie bezeichnete Geschichte äußerst bedrängend und bezeugt als Bedrängnis ihre Gegenwart. Welche? Eine die Nähe von Welt und Ding, das Da des Da-seins verweigernde Gegenwart.

In *Sein und Zeit* hatte es damit noch keine Not. Gerade so wie das erlebte Leben schien das Da-sein immer schon gegeben, und zwar als die dem Menschen eigentümliche Seinsweise. Sie ließ, innerhalb ihrer, Uneigentlichkeit und Eigentlichkeit unterscheiden. Im Gesichtskreis der Frage nach der Wahrheit des Seins zeigt sich aber: das existential ausgelegte Vorlaufen in den Tod läßt die Menschen noch nicht die Sterblichen sein. Zum Da-sein oder ihrem Wesen fehlt ihnen die Welt der Ferne und so auch Nähe. Unter der Bestimmung, welche die Lichtung des Ereignisses, seines Vorenthalts ist, bereitet das gelassene Denken die Einkehr in das Da-sein vor, vermag sie aber nicht zu bewerkstelligen.

Der Mensch ist nicht in der sozusagen eigentlichen Welt,

nämlich der des Ereignisses, und doch auf sie bezogen, indem seine Welt die der Abstandlosigkeit unter seinesgleichen und den Dingen ist – eine Welt des Stellens oder das Sy-stem des bloß Seienden, das nämlich auch noch der Beziehung auf eine erste Ursache und auf einen ersten Grund, auf ein höchstes Seiendes, ledig ist.

Gerade der also weltliche Mensch ist ebenso der geschichtliche – nicht etwa, weil er im Prozeß seines eigenen Erlebens immer schon die Geschichte des Menschengeschlechts, nämlich dessen Produkte versteht und selber produzierend in diese Geschichte eingreift. Geschichtlich ist er aber auch nicht schon deshalb, weil sein Denken immer noch im Banne dessen steht, was man für den Wirkungszusammenhang der Metaphysik ansehen mag. Geschichtlich ist er nur insofern, als er durch seine Welt dem Geschick einer ursprünglichen Verweigerung der Wahrheit des Seins, dem Geschick der Verwahrlosung ausgesetzt ist und genau daraufhin eine Zukunft hat. Und wie ist sie für ihn da? Nur in der Sprache kann sie mit ihrem Unterschied gegen alle Verlängerung des Bisherigen zu Bestimmtheit kommen.

Der geschichtliche Mensch ist ebenso der sprachlich bestimmte. Wenn die Geschichte seiner Welt gegen allen Fortschritt auf die Entscheidung ihres Anfangs gesammelt ist, reicht über diesen nur die Sprache zurück und hinaus. In ihr selbst läßt sie diejenige Weise des Nennens vom Aussagen unterscheiden, welche der Ankunft eigentümlich ist, nämlich das Rufen, das Herbeirufen, wie es Ferne und Nähe kennt.

In seiner Weltlichkeit, Geschichtlichkeit und Sprachlichkeit ist der Mensch auf die Erfüllung der ihm eigenen Seinsweise, nämlich des Wohnens, und demzuvor auf sein noch vorenthaltenes Wesen, nämlich das Da-sein bezogen. Das Ereignis des Da-seins ist im Grundverhältnis der heideggerschen Besinnung die Sache; ihre Bestimmtheit empfängt sie in jener dreifachen Beziehung: auf die Welt, die Geschichte und die Sprache. Das Denken, das die Bestimmung sein läßt, welche die Lichtung des besagten Entzugs ist, geht in diese Sache als Verhaltenheit ein.

Dilthey und Heidegger – ihre Stellung zueinander wird nicht so sehr durch das Aufnehmen und Verarbeiten von Einflüssen und Anstößen des Älteren bestimmt, vielmehr durch die unterschiedliche Fassung und sogar unterschiedliche Dimension, welche die Bestimmung der Sache des Denkens durch sie findet. Worin sie sich berühren, ist streng genommen keiner der Termini dieses Verhältnisses, wohl aber die Geschichtlichkeit, welche im einen wie im anderen Falle zur Bestimmtheit der Sache gehört: bei Dilthey die Geschichtlichkeit des Menschen in der Geschichte seiner gesellschaftlichen, also von ihm selbst hervorgebrachten Wirklichkeit, bei Heidegger die Geschichtlichkeit des Menschen, der des besagten Entzugs und der Geschichte seines Anfangs inne wird.

Diese Geschichte ist anders als das Leben ohne Verlauf, ist weder im endlosen Zusammenhang menschheitlicher, noch in den ursprünglichen Abfolgen individueller Erlebnisse gegeben. Sie ist vielmehr die augenblicklich entborgene Schichtung der Verbergung ihres entscheidenden Anfangs.

Was ihren Sinn anlangt, so war die aus dem Erleben aufgegangene Geschichte diejenige der Selbstbefreiung des Menschen aus den ursprünglichen Bindungen und Schätzungen seines Lebens. Dieser Vorgang erreichte seine höchste Macht im geschichtlichen Bewußtsein. Es läßt keine Metaphysik und keine ihr anhängende Weltanschauung mehr aufkommen. Es sichert allenthalben den weltanschaulichen Pluralismus, wie er der unaufhebbaren Vielseitigkeit des an ihm selbst undurchschaubaren Lebens gemäß ist. Und so muß denn auch das Ganze der Geschichte letztlich als ein Geflecht von Geschichten bewußt werden, deren jede aus einem eigenen Zentrum lebt, nicht nur mit eigenen Vorstellungen und Schätzungen, sondern einer je anderen Weise des Vorstellens und Schätzens, aus einem je anderen „Seelenleben".

Und die heideggersche Geschichte? Ebenso wie die marx'sche und nietzschesche ist sie streng eine – um so mehr als sie dem einzigen Geschick der anfänglichen Verbergung entspringt. Die ihm gemäßen Schichten des metaphysischen Denkens werden aber erst dort als die eine Geschichte offenbar, wo das metaphysische in das technische Denken aufgeht, aufgegangen ist. Dieses zieht aber seine Bestimmtheit nur aus der Welt der Technik. Erst der Einblick in deren Wesen ist die Entbergung der Verbergung als solcher, bringt also die Geschichte zu dieser Welt ans Licht. Vor allem aber die Entscheidung ihres Anfangs und so die Möglichkeit der Trennung von ihm – in der Zuwendung zu einer Welt, die jenseits des Anfangs der Metaphysik aus der ursprünglichen Sprache der Nähe aufgeht oder aber mit ihr ausbleibt. Die Geschichte ist hier ganz auf diese unentschiedene Zukunft gesammelt. Was sich da entscheidet, ist die Einkehr des Menschen in sein Wesen, nämlich das Da-Sein. Wie für Marx und Nietzsche wäre sie eine Unterscheidung des produktiven Menschen von sich selbst, will sagen: vom Wie seines bisherigen Produzierens.

Könnte Dilthey in solcher Erwartung eine Entwicklung oder auch Vertiefung seiner eigenen Besinnung auf die Geschichtlichkeit des Menschen sehen? Mit Sicherheit nicht. Er müßte jene Unterscheidung als ein Relikt der Metaphysik deuten, als eine Verwandlung ihrer Unterscheidung des Menschen als Vernunftwesen von sich als Sinnenwesen. Wohl ändert sich das Seelenleben des Menschen im Lauf der Geschichte; doch solche Änderungen bleiben ohne die Einzigkeit einer Unterscheidung, welche alle Geschichte auseinandersetzen würde und auseinandersetzen kann, sofern sie in ihr einheitlich bestimmt ist. Wenn Heidegger in Diltheys Philosophie der Philosophie eine Art ihrer Abschaffung gesehen hat, dann gewiß nicht in der Absicht, sie zu retten. Seine Absicht ging auf Überwindung der Philosophie. Dazu ließ er sich nicht von ihrer anthropologischen Dekadenz, sondern von der Stärke der Metaphysik herausfordern, durch die alles geschichtlich Gedachte seine Gegenwart behauptet, und zwar in der Bedrängnis des Wesens der Technik. Dieses Gedachte bedarf keiner Verlebendigung aus dem je eigenen Erleben; dieses macht denn auch keinen Unterschied an ihm. Eine Geschichte, welche in den Erlebnissen ihre „Keimzellen" hat, konnte in die Sache Husserls aufgesogen werden; die bis zu ihrem Ende bestimmte Geschichte, auf die Heidegger von der Geschichtlichkeit des Da-seins her zurückkommt, nicht.

Der besagten Unterscheidung des Menschen wegen hat Heidegger versucht, die Metaphysik zu überwinden. Wenn er nicht einmal, genauer: erst recht nicht vermocht hat, sie sich selbst zu überlassen, ist doch seine Absicht – und in sie bleibt die Vorgabe Marxens und Nietzsches einbezogen – weder sinnlos gewesen noch bedeutungslos geblieben. Denn – ist die Geschichte der Metaphysik erst einmal vollständig in sich bestimmt, dann gibt sie folgendes zu verstehen: Schon die natürliche Vernunft hat wiederholt die Möglichkeit der Unterscheidung des Menschen von sich selbst bedacht. Jedesmal stellte sich darüber hinaus die Aufgabe ein, daß die Vernunft selbst sich von sich unterscheide. Sollte dazu nicht auch die Vernunft der Moderne angehalten sein?

Solche Unterscheidung erfüllt kein vitales Bedürfnis, kann

sich nicht auf die vitalsten Interessen des Menschen berufen. Nach deren Sinn ist sie nicht notwendig, aber auch nicht zufällig. Sie steht – wieder – frei.

Bericht:
Phänomenologie und Existenzialontologie in der medizinischen Anthropologie bei Dieter Wyss

Von Herbert Csef, Würzburg

Einleitung

Unter dem Begriff „Medizinische Anthropologie" haben sich in den letzten Dezennien deutscher Medizin-Geschichte sehr heterogene Strömungen zusammengefunden, deren gemeinsames Anliegen in der Einführung des menschlichen „Subjektes" in die naturwissenschaftlich-positivistisch orientierte Medizin, speziell in die Psychiatrie, bestand. Dieses „Subjekt" wurde jedoch nicht egologisch im Sinne Husserls verstanden, sondern als pathisch-erlebendes und leidenschaftliches, dessen Geschichte seine Krankheiten ebenso mitbedingt wie äußere Ursachen etwa eines Klimawechsels oder einer Infektion. Dieses Anliegen formulierte der Heidelberger Internist Ludolf v. Krehl – der Lehrer Viktor v. Weizsäckers – in seiner *Pathologischen Physiologie* schon 1928:[1]

> „Der Mensch vermag seine Krankheitsvorgänge zu gestalten, durch seinen körperlichen und seelischen, am besten gesagt menschlichen Einfluß auf eben diese Vorgänge. Und er ist nicht nur Objekt, sondern stets zugleich Subjekt."

Den mit den Namen V. v. Weizsäcker, P. Christian, H. Plügge, E. Straus, V. v. Gebsattel, J. Zutt verbundenen Strömungen lag es nahe, die Psychoanalyse Sigmund Freuds in die Medizin und Psychiatrie einzubeziehen. Hier bot sich eine Theorie und Methode der Krankenbehandlung an, für die, trotz der mechanistisch-kausalistischen Konzeption Freuds, die Emo-

[1] Zitiert nach Wyss, Beziehung und Gestalt, a. a. O. 265.

tionalität des Menschen als Krankheitsfaktor ganz im Vordergrund steht. Aus dieser Annäherung zwischen naturwissenschaftlich orientierter Medizin und Psychologie hier, Psychotherapie und Psychoanalyse dort, entstand die Psychosomatische Medizin, als deren wichtigster Vertreter zu Beginn in Deutschland Viktor v. Weizsäcker anzusehen ist.

1. *Von den „Tiefenpsychologischen Schulen" zu den „Strukturen der Moral"*

Dieter Wyss, heute in Würzburg Lehrstuhlinhaber für Medizinische Psychologie und Psychotherapie, der Schüler V. v. Weizsäckers und v. Gebsattels, darf heute auf 14 Monographien mit über 3000 Seiten zurückblicken, in denen er sich bemüht hat, konsequent „Medizinische Anthropologie", „Phänomenologie" und „Existenzialontologie" methodisch einander zu nähern. Nach seinem noch während des Studiums verfaßten Buch über den *Surrealismus* (1950), das eine tiefenpsychologische Interpretation surrealistischer Dichtung und Malerei darstellt – und dem gemeinsamen Werk von ihm und Viktor v. Weizsäcker *Zwischen Medizin und Philosophie* (1957) folgen die *Tiefenpsychologischen Schulen* (1961–1977). Aus dem Blick der Medizinischen Anthropologie gibt dieses Werk eine Übersicht der verschiedenen psychoanalytisch-neoanalytischen und anderen Richtungen und der Vielfalt praktizierter und gelehrter Methoden und Ansichten innerhalb der Tiefenpsychologie und Psychotherapie. Es hat sich als Lehrbuch bereits über 25 Jahre gehalten und liegt in 5. Auflage vor. Auf dieses Buch soll jedoch im Rahmen der vorliegenden Darstellung nicht näher eingegangen werden.
Fruchtbar war die Existenzialontologie Heideggers schon früher von L. Binswanger, M. Boss, H. Kuhn, H. Kunz in die Psychologie und Psychopathologie eingeführt worden. In der Nachfolge dieser Autoren arbeiten heute H. Tellenbach, W. Blankenburg, K. P. Kisker und B. Pauleikhoff. J. Zutt bezog sich im gleichen Bemühen mit seinem Werk *Auf dem Weg zu einer anthropologischen Psychiatrie* (1963) jedoch stärker auf Sartre.

Die Phänomenologie wurde von Binswanger in einer späteren Zwischenphase wieder stärker methodisch beansprucht; aber es blieben gerade Husserls wesentliche Erkenntnisse und Einsichten, die Lebenswelt und das vorprädikative Denken betreffend, von der Psychiatrie und anthropologischen Medizin weitgehend unberücksichtigt. Es war der lebensweltliche Zugang zu den Phänomenen menschlichen Gesund-Seins und Krank-Seins, der D. Wyss zur methodischen Grundlage seiner Untersuchung *Strukturen der Moral* wurde.

2. *Die „Strukturen der Moral"*

In den *Strukturen der Moral* (1968), das geradezu als ein Kompendium phänomenologisch-anthropologischer Untersuchungen angesehen werden kann, geht D. Wyss von dem Konzept der Lebenswelt aus, in wiederholtem Rekurs insbesondere auf Husserls *Erfahrung und Urteil.* Das Anliegen dieses Werkes in einer Zeit der Auflösung und Relativierung aller moralischen Maßstäbe ist die phänomenologisch geleitete Wieder-Aufdekkung verbindlicher ethischer Leitlinien, das Bemühen um „absolute Maßstäbe". Der Weg zu der Aufdeckung derselben ist im Prinzip ein dreifacher: die Aufzeigung der lebensweltlichen Entwicklung des Kindes, die Einbeziehung von ethnologischen Ergebnissen und Untersuchungen auch innerhalb der Mythologie und endlich die historische Abkunft der moralischen Kategorien in ihrem geschichtlichen Werden im Vorderen Orient und ferner ihrer Verbindlichkeit für das Abendland. Das reiche empirische Material wird dann – methodisch – auf seinen vorprädikativen, lebensweltlichen Bezug hin aufgeschlüsselt. Die Entwicklung des Kindes betreffend, arbeitet Wyss – unter Anlehnung u. a. auch an die Untersuchungen Piagets – die Bedeutung der ersten Aufmerksamkeit des Kleinstkindes heraus. Nicht nur, daß sich in dieser Aufmerksamkeit die ursprüngliche Welt aus einer undifferenzierten über Gestaltkreisprozesse zu einer differenzierten entwickelt – schon vom 5. Tage nach der Geburt – an; sondern vor allem ist Aufmerksamkeit als Akt zu verstehen, der sich gegen alle innere und äußere Bewegung richtet, gegen Emotionalität, Gestimmtheit nicht weniger als gegen die Bewegung der Dinge im Umraum des Kindes. M. a. W., in der Aufmerksamkeit konstituiert sich der Mensch gegen sich selbst wie auch gegen die Welt – gegen sich selbst als erlebend-pathisches Subjekt. Hier sieht D. Wyss den ersten, ursprünglichen Akt überhaupt von „Verdrängung", der nicht dem Lust-Unlustprinzip wie bei Freud folgt, sondern der jenseits dieser mechanistisch-hedonistischen Kategorie das Mensch-Sein – als ein sich gegen sich selbst und die Umwelt konstituierendes – bestimmt. Die Verbindung der Aufmerksamkeit zur Wahrnehmung liegt auf der Hand, wiederum auch zum Handeln, dessen Willensbezug D. Wyss in kritischer Auseinandersetzung mit den Theorien Pfänders und Ricoeurs diskutiert. So ergibt sich eine Vermittlung von der ersten Aufmerksamkeit zum Wahrnehmen und zu der entscheidenden ethischen Kategorie des Vertrauens: Wahrnehmen und Aufmerksamkeit sind letztlich nur möglich auf dem Boden eines vorprädikativ der Welt sich zuwendenden Vertrauens; Vertrauen ist für die Welterfahrung von entscheidend-mitkonstitutiver Bedeutung. Handeln und Willensvollzug dagegen gipfeln in der frühkindlichen Erfahrung der Verantwortung, die das Handeln schon des Kleinkindes prägt, ein Handeln, dessen Bezug zur Zeit und Zeitlichkeit, zum zeitigenden Ich von Wyss aufgedeckt wird. So ergeben sich schon in der frühkindlichen Entwicklung zwei vorprädikative, nicht weiter reduzierbare ethische Kategorien: Vertrauen und Verantwortung.

In einer weiteren Analyse des menschlichen Handlungsvollzuges, jetzt vor allem im ethologischen Vergleich von Mensch und Tier (Verhaltensforschung), ausgehend von der Konzeption Nietzsches des „nicht festgestellten Ticres" als Grundlage humaner Anthropologie, zeigt D. Wyss auf der einen Seite die Maß- und Hemmungslosigkeit des menschlichen Antriebsverhaltens gegenüber dem umweltbezogenen und ‚maßvollen' des Tieres auf; andererseits sieht er jedoch in den Antrieben des Menschen zwei ebenfalls nicht weiter reduzierbare „Urphänomene": Einkörperung und Entkörperung, Ergreifen und Loslassen, Packen und Sich-Hingeben. So wird auch im Antriebserleben ein fundamentales ethisches Phänomen, das der Hingabe wie auch das der Besitzergreifung, in seinem polaren Bezug sichtbar. Sie bilden die Grundlage von Nehmen und Geben, die dann im Tauschprinzip – wie D. Wyss es in detaillierten ethnologischen Untersuchungen aufweist – die menschliche Gesellschaft als fundierende Grundphänomene konstituieren. Nach der Aufdeckung dieser Zusammenhänge stellt D. Wyss die Bedeutung der aufrechten Haltung überhaupt für das menschliche Erleben von moralischen Kategorien dar. Es ist das Maßerleben im Gegensatz zum Unmaß, das polar auf das erste bezogen sich aus der aufrechten Haltung gegenüber dem Tier abzeichnet. Alle axiologischen Systeme und Hierarchien der Werte fundieren letztlich in dem vorprädikativen Erleben von Maß gegenüber dem Unmaß der Antriebe. Sie ergeben sich aus der aufrechten Haltung, die jedoch nicht banal-evolutiv verstanden wird, sondern symbolisch als Voraussetzung von Maßerleben überhaupt. Der ‚Aufrechte' wird als ein weiteres, nicht reduzierbares, lebensweltliches Urphänomen ethischen Handelns von D. Wyss aufgewiesen. Im weiteren Eindringen in ethnologische, dann auch mythologische Untersuchungen mit Bezugnahme auf zahlreiche Autoren, arbeitet D. Wyss die universale Bedeutung des Heroen-Mythos in ethnischen Gesellschaften, aber auch in der Früh- und Vorgeschichte der Menschheit, besonders im Vorderen Orient, heraus. Am Heroen-Mythos wird der Vorbild-Charakter der vorprädikativen, dem Mythos entstammenden Tugend-Ethik sichtbar, den D. Wyss dann in Gegensatz zu der Gesetzesmoral stellt (vgl. auch Nietzsche, Zur Genealogie der Moral). Die Tugend-Ethik wird bildhaft-lebendig tradiert und unterscheidet sich von der Gesetzes-Ethik dadurch, daß diese mit dem Inzestverbot beginnt. In detaillierter kritischer Auseinandersetzung mit zahlreichen zeitgenössischen Ethnologen – Durkheim, Levi-Strauss, Radcliffe-Brown, Gehlen, Hobhouse, Evans-Pritchard, Malinowski u. a. – insbesondere der Problematik der verschiedenen, den Inzest erklärenden Theorien, entwickelt D. Wyss eine grundlegend neue Interpretation des Inzestverbotes. Im Zusammenhang mit den ebenso universal wie das Inzestverbot verbreiteten Opferritualen, dem Opfermytho-

logem, legt Wyss dar, daß das Inzestverbot sich ursprünglich auf die Vermehrung des Menschen überhaupt bezog, der zyklischen Verbindung von Leben und Tod im „wilden Denken" entspricht, dann auf den Geschwisterinzest beschränkt wurde, dessen Vorkommen, Ritualisierung und Sühne in engster Verschränkung mit dem Opferritual fast ubiquitär anzutreffen ist. Es ist also hier nicht der „Vatermord der Urhorde", der – wie bei Freud – die menschliche Kultur begründet, sondern ein komplexer Zusammenhang vorprädikativer, auf Leben und Tod bezogener Erlebnisweisen. Die aus dem Inzestverbot entstammende Gesetzesmoral des „Du sollst nicht" wird dann über die ethnischen Vorkommnisse hinaus vor allem in der für das Abendland verbindlichen, im Vorderorient entstandenen Gesetzesmoral der Zehn Gebote formuliert. Der wiederum „repressiv" das in den Zehn Geboten enthaltene soziale Antriebserleben von Entkörperung im Geben hemmende Charakter der Gesetzesmoral begründet den Unterschied der Gesetzesmoral zu der „lebensweltlichen" Tugend-Ethik. Die Gegensätze dieser beiden Strukturen der Moral legt D. Wyss dann insbesondere am Unterschied zwischen dem germanischen Ehrbegriff und dem frühen römischen Recht dar. D. Wyss vermittelt also eine ontogenetische, phylogenetische und historische Abkunft der ethischen Kategorien und weist ihre zwiespältige Wurzel, ihre Diskrepanz zwischen Tugend und Gesetzesethik auf. In der Auseinandersetzung mit dem Gewissen legt er den spontanen Gewissensakt als mögliche Synthese von Gesetzesmoral und vorbildhafter Tugendethik dar. Dem ging eine Herausarbeitung der Entstehung der Gesetzesmoral in den Stadtkulturen des frühen Vorderen Orients voraus.
Es ist für die phänomenologische Anthropologie von D. Wyss wesentlich, daß er – den Einfluß Weinstocks in der Einleitung zu den „Strukturen" vermerkend – zu einem „tragischen" oder „gebrochenen" Bild des Menschen kommt. Dies wird schon in einer phänomenologischen Psychologie der ersten beiden Kapitel sichtbar, in welchen Wyss die Gebrochenheit des Menschen in Bezug auf die Gegensätze zwischen Reflexion und Stimmung hier, Gefühl und Denken dort, die Heterogenität des sogenann-

ten Antriebserlebens aufzeigt. Diese Heterogenität setzt sich in der Diskrepanz von Gesetzesmoral und Tugendethik fort. Das Thema des „gebrochenen“ oder „tragischen Menschenbildes“ wird dann auch für die weiteren Untersuchungen von Wyss richtungsgebend.

3. *„Beziehung und Gestalt“*

Nach seiner Untersuchung *Marx und Freud. Ihr Verhältnis zur modernen Anthropologie* (1969), in der D. Wyss kritisch die Grenzen und Begrenztheiten der Theorien von Marx und Freud im Hinblick auf Ergebnisse moderner anthropologischer, aber auch philosophischer Forschung aufzeigt, erschien 1973 das obengenannte, Martin Heidegger gewidmete Werk *Beziehung und Gestalt. Entwurf einer anthropologischen Psychologie und Psychopathologie*, das von Psychiatern wie Janzarik, Kisker und anderen als genuine Fortsetzung und Abschluß der Jasperschen Psychopathologie rezensiert wurde. Die Konzeption ist vor allem von Heideggers Begriff des „In-der-Welt-Seins“ beeinflußt, der für Wyss in dieser Etappe seines Denkens und seiner Auseinandersetzung schon die Diskrepanz Idealismus/Realismus überwunden hat. Das für die Psychologie nicht weniger als für die Erkenntnistheorie wichtige Thema der Beziehung Bewußtsein/Realität wird bei Husserl ja noch im Sinne einer egologischen Konstituierung der Welt gelöst, das gilt selbst noch in seiner Phase der lebensweltlichen Interpretationen. An diese Lebensweltlehre hatte aber Wyss in der vorausgegangenen Untersuchung angeknüpft. Es ist hier nicht möglich, das Werk von 1973 – wie auch die noch folgenden – detailliert zu referieren. Es kann nur ein Gerüst wiedergegeben werden. In *Beziehung und Gestalt* sind es nicht das ‚Ego‘ oder das ‚Dasein‘, die im Mittelpunkt stehen, sondern der Mensch, die menschliche Welt, das pathisch-erlebende Subjekt. Der Mensch wird nach wie vor tragisch gesehen, eingespannt zwischen den das Dasein beherrschenden Bezirken des Möglichen, der Wirklichkeit und seinem Unvermögen, diese Pole zueinander zu vermitteln – dies ist der

„Grund“ von Krankheit. Das Mögliche als letzlich unauslotbarer Ursprung von Freiheit – entsprechend der Konzeption Heideggers und Husserls – bildet das Eröffnungsthema des Werkes. In diesem Möglichen soll die Heimat des Menschen aufgewiesen werden. Das Mögliche wird phänomenologisch detailliert in seine ‚Möglichkeiten‘ aufgegliedert. Diese Möglichkeiten umfassen die menschliche Welt, die Natur und die Geschichte. Damit wird überall der Einbruch des Möglichen als Moment auch des Indeterminismus dargelegt. Dem Möglichen wird die Wirklichkeit gegenübergestellt; beide sind antinomisch miteinander verbunden, wobei Wirklichkeit jedoch in erster Linie eine sich aktiv zeigende ist, die Wirklichkeit in zahlreichen, stets konfliktbezogenen Vernetzungen sich darstellt. Wirklichkeit wird über das Vertrauen (s. *Strukturen*) mitkonstituiert. Sie erstellt sich im Wachen im Gegensatz zum Schlafen. Beide Verfassungen des In-der-Welt-Seins (Wachen und Schlafen) erfahren ebenfalls eine phänomenologische Analyse: Wirklichkeit ist aktives Wirken, Gestaltwerden, Vergangenheit nicht weniger als gegenwärtige Lichtung und stets antinomisch miteinander-zueinander gepolt. Über das Setzen von Beziehungen durch Bedeutungen und umgekehrt lebt der Mensch seine Existenz in beiden Bereichen. Jedoch wird die Intentionalität von Beziehung und Bedeutung von Anfang an mit dem Wahrnehmungsakt und dem Handeln verschränkt (siehe *Strukturen*: Aufmerksamkeit). Das „Deutliche“ gegenüber dem „Undeutlichen“ in der Wahrnehmung ist z. B. ein Gradmesser der Beziehungsaufnahme zwischen Mensch und Welt, wobei es ausschlaggebend ist, ob etwas „bedeutungsvoll“, „undeutlich“ oder „bedeutungslos“ oder „vieldeutig“ wie das Symbol oder der Traum erscheint. Die Reflexion – das Denken – erfährt eine erneute Bestimmung, die sich graduiert von dem Deutungs- und Zeigeakt der Aufmerksamkeit bis zu der Präzisierung des Begriffs erstreckt. Der sichtbaren Wirklichkeit steht die unsichtbare des „Innen“ gegenüber. Mit dem Begriff des „Innen“ und seiner Begründung im In-der-Welt-Sein überholt Wyss den Begriff auch der „Psyche“ und die Bemühungen der bisherigen Schulpsychologie. Das Innen ist diesen Bemühungen der Schulpsychologie und Psychoanalyse gegenüber vorgegeben. Wie wird das unteilbare Innen erfahren – wie zeigt es sich? Als Permanenz von Bewegung, Konfliktbezogenheit heterogener Tendenzen von Bild und Gedanke, Wille oder Gestimmtheit, werden hier die Ausführungen aus den *Strukturen* weiter entwickelt. Das Innen ist in seiner Bezugnahme auf das „Außen" sinnbestimmend (Fortsetzung der Beziehungs/Bedeutungsthematik, der Intentionalität), Außen und Innen stehen in gegenseitiger Abhängigkeit zueinander, wie auch an der Verschränkung von Wahrnehmen und Handeln aufgezeigt wird. Jedoch ist das „Inne-Sein" nie auf das „Außen" reduzierbar. Das „Außen" dagegen als Sinn ist nur ein Außen, weil es in Bezug zum Innen steht. Verstehen der Zusammenhänge – Verstehen überhaupt – ist ein Akt der Gleichgewichtserstellung zwischen Innen und Außen. Über das Innen erst konstituiert sich das Außen als perspektivischer Raum. Perspektivität – in Fortsetzung der Ausführungen Husserls (FtL = Hua XVII, 76 ff.) – impliziert aber auch logische Ordnung. Der Perspektivität des Menschen, seinem perspektivischen Entwurf in die Welt, steht die Aperspektive gegenüber – das „Innen" –, die sich durch sein vieldeutig-undeutliches Beziehungsgefüge und seine unmittelbare Verbindung zum Möglichen darstellt. Sie ist nicht das Unbewußte etwa Freuds oder der Psychoanalyse im Sinne eines Reservoirs verdrängter Inhalte oder einer kollektiven Symbolik, sondern ein Konstituens des Menschen schlechthin, der zwischen Aperspektivität und Perspektivität „hin und her oszilliert". Aus dieser Sicht erscheint das Subjekt „antilogisch" oder „alogisch". Das Alogische vermittelt nicht nur die Permanenz des Möglichen, sondern stellt einerseits die Verwurzelung des Subjektes in der Aperspektive dar und bedingt andererseits die Notwendigkeit der Fundierung seiner Perspektivität. Die weitere Phänomenologie des In-der-Welt-Seins des „Innen", des Subjektes, steht ganz unter dem Signum der Begriffe des Alogischen und der Gleichzeitigkeit. Der antilogische Charakter der letzteren zeigt sich in der Gegensätzlichkeit zwischen dem Ego (Husserl), dem lediglich der Akt der Erkenntnis und der erkenntnisbedingten Konstituierung der Welt zugesprochen wird, und dem pathischen Subjekt. Dieses ist umfassender und

impliziert auch Lebensgestalt, Gedächtnis und Charakter. Ego und pathisches Subjekt sind ebenfalls antinomisch-antilogisch und vor allem gleichzeitig miteinander verschränkt. Die Konstituierung des Menschen in der Welt, sein In-der-Welt-Sein ist letztlich ein antilogischer, sich der Logik entziehender Vorgang. Hier unterscheidet sich D. Wyss wesentlich von Husserl und Heidegger. Auf dem Hintergrund dieser Konzeption wird z. B. der Begriff der dem Menschen übergeordneten, seine Geschichtlichkeit begründenden Lebensgestalt aufgezeigt, wird die Thematik des Idealbildes, des Maßes, des Maßverlustes, die Problematik des Antriebserlebens, in einer die Schulpsychologie und auch die Tiefenpsychologie übersteigenden Weise bearbeitet, ohne daß diese Aufweisungen hier detailliert wiedergegeben werden können. Dabei erfolgt z. B. nicht nur eine entscheidende Abgrenzung gegenüber Freud, sondern vielmehr legt D. Wyss einen grundsätzlich anderen Ausgangspunkt vor.
Der zweite Teil von *Beziehung und Gestalt* ist der eigentlichen Psychopathologie unter dem Titel „Mißverhältnisse von In-der-Welt-Sein“ gewidmet. Die in dem ersten Teil entwickelten Grundbegriffe des Möglichen, des Wirklichen, von Beziehung und Bedeutung, des Innen, der Perspektivität und Aperspektivität, bilden die Grundlage für die spezielle Psychopathologie des Verfassers: Störungen in der Beziehung zum Leib, das antinomische, vielfach gebrochene Verhältnis des Menschen zu seinem Leib bildet die eine Grundlinie der psychopathologischen Vorkommnisse. Krisen der Pubertät, der Menopause, des Seniums, Probleme der Intelligenzschwäche, des Schwachsinns werden in diesem Zusammenhang dargestellt. Eine weitere Leitlinie bildet das Verhältnis des Menschen zu zeitlichen und räumlichen Strukturen. Störungen innerhalb derselben werden in einem weiteren Abschnitt aufgezeigt. Der Verlust der Perspektivität, die Vertauschung von Innen und Außen, die Wahnbildung, sind Grundvoraussetzungen der schizophrenen Psychose. Die Grundvoraussetzungen der depressiven Verstimmung dagegen sind die nicht weiter auflösbare Gegensätzlichkeit von Geist und Leib, die mit dieser Gegensätzlichkeit verbundene „Urschuld“ des Geistes gegenüber seiner leibhaften Inkarnation. Die

Urschuld wird in der Melancholie (Tellenbach) manifest. Die psychosomatischen Erkrankungen erfahren eine neue und eigenständige Interpretation: die Ganzheit des Subjektes neigt dazu, leibhaft in einer bestimmten Erkrankung zu dekompensieren, psychisch dagegen noch im Gleichgewicht sich zu verhalten; oder psychisch (im „Innen") zu dekompensieren, dagegen leibhaft sich zu stabilisieren oder in beiden Bezirken zu verfallen. Der Begriff der Stellvertretung – wie ihn V. v. Weizsäcker entwickelte – wird, hier erweitert, zum Verständnis psychosomatischer Erkrankungen angewandt und geht über eine reine Korrelations- und parallelistische Konzeption entscheidend hinaus. Die Zwangserkrankung, die Angstkrankheiten und die sogenannte Hysterie dagegen erfahren durch das Verhältnis des Menschen einerseits zum Möglichen überhaupt, andererseits wiederum zu räumlichen und zeitlichen Strukturen, eine neue Interpretation. Der Zwangskranke vermag nicht mehr die zeitliche Konstituierung gegen die räumliche aufrechtzuerhalten – umgekehrt entzeitigt sich der Angstkranke und ist räumlichen Strukturen nicht mehr gewachsen. In der Hysterie hingegen wird „alles möglich". Diese nur sehr summarischen Zusammenfassungen mögen nichtsdestoweniger ein Bild von der erheblichen Um- und Neuorientierung der psychopathologischen Konzeption von D. Wyss innerhalb der derzeitigen Psychiatrie und Psychotherapie vermitteln.

4. *„Mitteilung und Antwort" und „Lieben als Lernprozeß"*

In *Mitteilung und Antwort* (1976) wird wieder stärker der lebensweltlich-phänomenologische Bezug sichtbar. Die Bedeutung dieses Werkes, das fast ausschließlich dem Problem der Intersubjektivität und in dem Zusammenhang der Entstehung von Dekompensation und Mißverhältnissen innerhalb derselben gewidmet ist, liegt für die Phänomenologie und Existenzialontologie in der Einführung der Dialektik, die Wyss unmittelbar aus dem Antagonismus der Kommunikation selbst ableitet. Jeder

Kenner der Phänomenologie weiß um die Schwierigkeiten, die Phänomenologie dialektisch zu bewegen – um die entsprechenden Bemühungen Landgrebes z. B. Hier dürfte ein von der gegenwärtigen phänomenologischen Philosophie noch nicht genügend wahrgenommener Tatbestand vorliegen: wie aus den vorgegebenen, nicht aufhebbaren Konfliktbezogenheiten des Menschen der Antagonismus derselben als aus der lebensweltlich dargestellten Kommunikation selbst stammend veranschaulicht wird. Darüber hinaus verläßt Wyss die früher noch vorhandene Bezugnahme auf psychoanalytisch-psychologische Begriffe wie den des Antriebs, des Willens, der Stimmung usf., um die „hinter" diesen Vorstellungen apriorisch sichtbaren „Strukturen und Modi" aufzuzeigen, d. h. die bisherige Psychologie und Psychoanalyse in ihrer stets auf Elementarfunktionen bedachten reduktiven Methode eben über diese Reduktion hinaus auf apriorische „Verhaltensweisen" des Menschen hinzuführen:[2]

„Kommunikation definiert sich spezifisch als Kontinuität von Sich-Mitteilen, Aufnehmen und Antworten. Sie umschließt auch und stets außer möglicher Bestätigung durch den Anderen in der Antwort in zahlreichen Abschattungen die latente oder manifeste Infragestellung, die gegenseitige ‚Nichtung' der miteinander Kommunizierenden. Diese liegt ‚vorgegeben' schon in der ‚Ur-Differenz' zwischen der Mitteilung und der stets modifizierten Art ihrer Aufnahme. Kommunikation ist deshalb latent oder manifest Konflikt im Sinne des Aufeinandertreffens thematischer Setzung und Gegensetzung. Die thematische Setzung und Gegensetzung entspringt – von der stets Differenz bedingenden Aufnahme abgesehen – letztlich dem Für-sich-Sein des Einen und dem Für-sich-Sein des Anderen. Denn auch im scheinbaren Bejahen der Kommunikation findet Nichtung statt. Die sich dem Kind liebevoll zuwendende Mutter bindet das Kind durch die Liebe an sich, damit unterbindet sie aber möglicherweise auch dessen eigenständige Entwicklung. – Denn inzwischen hat sich die Psychologie von der Ansicht distanziert, daß nur die autoritäre, sogenannte repressive Erziehung schädlich ist. Repressive wie tolerant-gewährende Erziehung beruhen auf in jedem Fall auch den Anderen in Frage stellenden Prozessen. Ein anderes, ebenso alltägliches

---

[2] Wyss, Die Antinomien der Kommunikation und der „Friede", in: C. Eisenbart (Hrsg.), Humanökologie und Frieden, Stuttgart 1980, 344–347.

Beispiel wäre folgendes: Ich gehe auf der Straße und treffe einen Bekannten, ‚Schönes Wetter heute, nicht?' fragt er mich. Ich antworte ‚Ja', und scheinbar hat sich Zustimmung ereignet, denn ich sage ‚Ja' zu der Mitteilung des Anderen. Aber gleichzeitig hat sich der Andere in seiner Mitteilung bereits als Anderer und damit als potentiell mich in Frage Stellender signalisiert. Er kann mit seiner Frage mich und meine Antwort bezweifeln und erwartet möglicherweise von mir, daß ich das Wetter nicht ‚gut' sondern ‚schlecht' erlebe. Darüber hinaus kann in der einvernehmenden oder übereinstimmenden Kommunikation die Zurücknahme der eigenen Meinung, der eigenen Person, der eigenen Darstellungsmöglichkeit dem Anderen gegenüber erfahren werden. Damit entsteht selbst in der Bejahung der Mitteilung des Anderen durch eine bestätigende Antwort auch ein In-Frage-Stellen des Für-sich-Seins dessen, der sich zum Beispiel zweifelnd oder fragend mitgeteilt hat.

Es sei erinnert, daß der Mangel zwischen Möglichkeit von Kommunikation und real stattfindender als Konstituens oder primum movens der Kommuniation zu Grunde liegt. Dieser Mangel, der ‚ontologisch' an der Wurzel menschlicher Existenz sichtbar wird, wird durch verschiedene sogenannte ‚Strukturen', die der Mensch schon während der Kindheit entwickelt, ausgeglichen oder kompensiert. Weil an der Wurzel menschlicher Existenz der Mangel als ein Moment der Unruhe waltet, wird im Entwerfen wie im Eröffnen von Welt ‚apriori' Ungleichgewicht miteingeschlossen. Diese Grundstrukturen sind die der Räumlichkeit, der Zeitlichkeit, der Leistung und des Leibes.

‚*Räumlichkeit*' wird nicht im Sinne des euklidischen Raumes verstanden, sondern in dem des ‚inneren Raumes', wie ihn Heidegger, Bollnow und Binswanger dargestellt haben. Es ist der ‚innere' Raum meiner Beziehung zur Welt, zum Anderen – der sich zwischen moralischen Normen im Umgang mit diesen oder dem bloßen Ausleben einer Leidenschaft spannt. Es ist das ‚Raum-stiftende' oder ‚Raum-nehmende' meiner Persönlichkeit, die als ‚sich räumende' vor aller Erfahrung des euklidischen Raumes liegt.

Darüber hinaus meint der Begriff den jeweiligen Lebensraum des Menschen oder zum Beispiel seiner Kindheit, dessen Orientierungen, als räumliches oder auch zum Beispiel ‚moralisches', ‚normgemäßes' Sich-Entwerfen, Verlangen oder Verbieten, Grenzen schaffen oder aufheben. Der Lebensraum umschließt ferner Vorbilder und Ordnungsbeziehungen.

‚*Zeitlichkeit*' wird in der Beziehung des Menschen zu seiner Vergangenheit, zu seiner Geschichte, zu seiner Zukunft und damit auch zu sich selbst als einem geschichtlich reflektierenden Wesen sichtbar.

‚*Leistung*' wird nicht nur im Sinne des Sich-Darstellens durch Arbeit und Tätigkeit verschiedenster Art verstanden, sondern auch im Sinne der Verantwortlichkeit der Arbeit gegenüber, die damit in engster Beziehung zu der Zeitlichkeit zu sehen ist. Das Kind zum Beispiel erfährt seine eigene Verantwortlichkeit nicht nur durch die Ermahnungen oder durch die Einsprüche der Erwachsenen, sondern im täglichen Umgang mit den Dingen. Im Herstellen wie auch in der Zerstörung von Spielzeug und Gegenständen erlebt es sich als maßgeblich das Entstehen oder das Vergehen derselben verursachend, und damit als verantwortlich für Vorgänge, die wiederum engstens verbunden mit der Entwicklung des Zeitbewußtseins sind.

‚Der Leib und die Leibhaftigkeit' wurden eingehend durch die anthropologisch-phänomenologische Forschung erhellt, wenn J. Zutt oder Merleau-Ponty, aber auch Sartre im Leib ein lebensweltliches (Husserl) apriori sehen. Hier wird der Leib als ‚kommunikatives Apriori' interpretiert, der als lebender von Anfang an kommunikationsbezogen ist, da er die Vermittlung zwischen dem Anliegen der Kommunikation und ihrer Realisierung durch Wort oder Geste, Ausdruck oder Hinweis, Handeln oder Wahrnehmen darstellt. Der Leib endlich läßt den Menschen mit seinen Befindlichkeiten, mit seinen Gefühlen, mit seinen sogenannten Trieben oder Willensimpulsen in der Welt behaust sein.

Der heranwachsende Mensch differenziert sich über, in und durch diese vier ‚Grundstrukturen'. Er ist diesen dispositionell, hereditär ‚ausgeliefert', wie auch wiederum jedes Milieu eine Selektion innerhalb der Strukturen bewirkt und sich damit zahlreiche Konfliktmöglichkeiten innerhalb der Kommunikation abzeichnen: ein durch die Vererbung betont intellektuell konditioniertes Kind wird in einer handwerklich-leistungsbezogenen Umwelt nicht weniger Konflikten ausgesetzt sein, wie ein manuell begabter Junge in einem religiös-contemplativen Milieu Gefahr läuft, durch Konflikte weit hinter den Möglichkeiten seiner technischen Begabung zurückzubleiben. Damit wird bereits zweierlei deutlich: der Entwurf des Menschen über seinen Leib, über eine Orientierung in seiner Umwelt, im Verhältnis zu dieser und zu sich selbst in der Zeit wie in der Leistung sind als seine Selbstdarstellung bestenfalls eine (ideale) Möglichkeit. In der faktischen Kommunikation findet vom Eintritt des Menschen durch seine Geburt in die Welt bereits eine hereditäre und umweltbedingte Selektion des Entwurfs zu Gunsten der einen, zu Ungunsten der anderen Strukturen statt. Damit wird die Grundthese des Mangels und die der Bedeutung von Kommunikation weiter erhärtet: die Möglichkeiten, sich in allen Grundstrukturen ‚harmonisch' zu entwerfen, sind von Anfang an eingeschränkt. Die Kommunikation bleibt einerseits hinter ihren Möglichkeiten zurück, andererseits bewegt sie sich durch diese, sich auch antinomisch auswirkenden ‚Strukturen' sogleich in einem Konfliktfeld – das letztlich ihrem antinomischen Charakter entstammt.

Diese Grundstrukturen wiederum werden durch lebensweltlich vorgegebene Kommunikationsweisen oder Modi zueinander vermittelt, so daß diese ‚Strukturen' in hohem Maße oszillieren, ineinander übergehen, vermittels der Modi entstehen oder vergehen. Die sogenannten ‚Modi' reichen vom Erkunden, Entdecken, Erschließen, Sich-Auseinandersetzen, vom Lösen und Binden bis zum Bewältigen; sie ‚schlagen' sich jeweils in den Grundstrukturen ‚nieder', materialisieren sich in diesen, wie sie diese aber auch wieder aufheben oder auflösen. Dies kann zum Beispiel an der Entwicklung des Kindes beobachtet werden, wenn es anfänglich als ein Erkundendes die Welt oder seinen Leib, sein ‚Selbst' peripher, undeutlich und undifferenziert wahrnimmt, im Erkunden aber Leistung vollbringt, Orientierung gewinnt, sich schrittweise damit konstituiert. Im Entdecken (ebenfalls auf das Verhältnis zum Leib, zur Leistung, zur Räumlich- und Zeitlichkeit bezogen, die sich damit strukturieren) beginnt sich die Gegensätzlichkeit der Welt darzustellen, wie zum Beispiel die Gegensätzlichkeit von Bekanntem und von Neuem. Im Sich-Erschließen richtet das Kind sein Augenmerk auf die Eigenschaften der Welt, auf die ‚Washeit' derselben, auf die Qualitäten der Dinge wie der Personen, die es umgeben. In der Auseinandersetzung dagegen tritt es zunehmend aktiv in die Welt ein, es beginnt Standpunkt zu beziehen, tritt damit in die eigentliche Eröffnung von Welt ein, antwortet möglicherweise mit Abwendung oder verstärkter Zuwendung. In der Auseinandersetzung wird der Konfliktbezug von Kommunikation gegenüber dem Leib, im Entwerfen und Verwerfen von Leistung oder Vorbildern und Normen, mit der Aufforderung, sich zum Beispiel in der Reflexion zu besinnen, besonders sichtbar. Zuwendung oder Abwendung als Folge von Auseinandersetzung implizieren Binden und Lösen, über die das Kind erste Entscheidungen ‚für' (binden) oder ‚gegen' (lösen) zu tätigen beginnt. So entscheidet sich das Kind in der Zuneigung für eine Person, es bindet sich mit der Entscheidung, sei es an einen Lehrer oder eine Aufgabe – gleichzeitig löst es sich von anderen Möglichkeiten. Auch in den noetischen Prozessen und den logischen Denkakten sind Binden und Lösen von wesentlicher Bedeutung. Im Bewältigen endlich nicht nur einer Aufgabe, die zum Abschluß gebracht wird, einer menschlichen Beziehung, eines emanzipativen Aktes, sondern in der Bewältigung der eigenen Existenz im umfassenden Sinne, fügen sich diese fundamentalen Kommunikationsmodi zu einem jeweils auf den Akt der Kommunikation bezogenen Ganzen."

D. Wyss weist detailliert die Bedeutung und Rolle dieser Modi in biologischen, „psychologischen" und vor allem psychopathologischen Prozessen auf, um damit, in einem antinomischen Entwurf von Intersubjektivität, Krankheit als Kommunikationseinschränkung in Modi und Strukturen zu explizieren. Es ist damit eine lebensweltlich orientierte „Dynamik" entworfen, die einer anthropologisch orientierten Phänomenologie noch nicht verfügbar war.

Die Untersuchung *Lieben als Lernprozeß* (1981) wurde mit derjenigen Schelers *Wesen und Formen der Sympathie* nicht zum Nachteil der ersteren verglichen. Im Gegenteil, Wyss legt hier eine detaillierte phänomenologisch-lebensweltlich orientierte Beschreibung des „Liebens" – auch im Sinne der Verliebtheit – dar, um gleichzeitig auch den antagonistischen, im Lieben selbst begründeten Wesenszug derselben, der stets auch die latente Vernichtung des Anderen impliziert, herauszuarbeiten. Wie verhängnisvoll dieser Antagonismus sich dann in den verschiedenen Formen insbesondere der institutionalisierten Partnerschaften darstellt, wird als eine „Psychopathologie des Liebens" dargelegt. Wesentlich ist jedoch, daß Wyss den Begriff der „Sexualität" in seiner historischen Relevanz herausarbeitet und zu der Feststellung gelangt, daß er ein Artefakt ist, dem der ursprüngliche Begriff der „Sinnlichkeit" als eines unbestimmten Wahrnehmungsvorganges vorausgegangen ist.

5. *Von „Zwischen Logos und Antilogos" bis zu „Der Kranke als Partner"*

Wie bei der Beschreibung der vorausgegangenen Werke ist es auch hier aus naheliegenden Gründen nicht möglich, das umfangreiche Werk *Zwischen Logos und Antilogos* in Einzelheiten wiederzugeben, es können nur Gerüst und Grundgedanken vermittelt werden. Das Bemühen in diesem Werk ist im vorhinein in verschiedenen Grundbewegungen zu sehen, wobei das Buch vielfach Bezug auf die derzeitige phänomenologische Philosophie und ihre wichtigsten Vertreter nimmt, den *Tiefenpsychologischen Schulen* vergleichbar. Es geht ihm in einer zentralen Bewegung darum, die Heterogenität der Konzeptionen von Husserl und Heidegger zu einer Synthese zu führen. Darüber hinaus will es – innerhalb dieser Synthese – die Psychologie überhaupt ontologisch fundieren, Positivismus und Materialismus grundlegend überwinden. Ferner zielt es darauf, die subjektivistische Philosophie der Neuzeit – seit Descartes und Kant – durch Anknüpfung an die antike und scholastische

Philosophie zu dem prius allen Daseins über das Apriori desselben hinaus zurückzuführen, um damit eine Anregung von L. Eley *(Die Krise des Apriori)* aufzunehmen. Wyss bezeichnet seine Methode als „amplifikatorische Phänomenologie“. Sie wird dahingehend präzisiert, daß es im Akt der philosophischen Erkenntnis nicht nur um die Reduktion des Erkannten im Sinne der Husserlschen Egologie geht, sondern daß alles Erkennen leidvoll erfahren wird, im Leidensvollzug des Erkennens Existenz wird, d. h. Transzendenz sich inkarniert. Dafür ist jedoch der eben leidvoll erfahrene und erlebte Durchgang durch das empirisch Erfahrene notwendig. Diese Thematik impliziert auch das Problem von Einheit und Differenz des Seins, das Verhältnis des erkennenden Subjektes zum „Sein“ selbst.
Nach einer Einführung (Teil I), die den Aufriß des gesamten Werkes wiedergibt, setzt sich Teil II des Buches mit dem Problem der Entstehung des Zeitbewußtseins auseinander, wobei es in die Entstehung des ego cogito und der logischen Kategorien selbst hineinfragt. Wyss führt die Genese beider phylogenetisch auf die Todeserfahrung, ontogenetisch auf den handelnd-wahrnehmenden Umgang des Kindes mit den Gegenständen, seinen Bezugspersonen, insbesondere aber auch auf das Trennungserleben zurück – jedoch nicht im banal-evolutiven oder psychologistischen Sinne. Sondern im Erleben des radikalen Nichts des Todes als Einbruch erster Transzendenz konstituiert sich das ego cogito gegen dieses Nichts in einer Gegenwendung, aus der heraus dann in einem zweiten Akt (zweite Transzendenz) sich die Welt begründet und dieser Prozeß detailliert in den zahlreichen „Transpositionen“ von Außen und Innen, von Zeit- und Raum-Bewußtsein aufgehellt wird (Aufnahme der Thematik „Innen/Außen“ aus *Beziehung und Gestalt*). Die Entstehung der Einheit des Bewußtseins des ego cogito ist nur gegen die Einheit des „Nichts“ des Absoluten, des „transzendentalen Horizontes“ („Gott“) zu fassen: damit wird eine Parallele der Konzeptionen zu Anselm von Canterbury deutlich gemacht. Die Einheit des Bewußtseins des ego cogito ist letztlich nur verstehbar in bezug auf die Einheit eines radikal Anderen, des Absoluten. So beherrscht das Thema der Zeit-

erfahrung und der mit ihr verschränkten Prozesse der Ich- und Weltkonstitution den zweiten Teil. Das geschieht auf dem Hintergrund und gegen das „zeitfremde Erleben von Veränderung", die das nicht-zeitigende, nicht-cogitale Erleben etwa gewisser Lebewesen und der Natur auszeichnet. Das Erleben, das dem lebensweltlichen von Husserl entspricht, wird jedoch im Unterschied zu Husserl nicht mehr als die logischen Kategorien vorbedingend und sie ermöglichend angesehen, sondern als alogisch qualifiziert. Die Frage allerdings der Zeitigung und Konstituierung des Ich am transzendentalen Horizont ist wiederum nicht von der nach der Einheit des Absoluten („Nichts") mit sich selbst und seiner Differenz eben zu sich selbst zu trennen. D. Wyss legt dar, wie über die Todeserfahrung des Menschen, der Entstehung des ego cogito, der transzendentale Horizont sich selbst am ego cogito des Menschen zur Differenz wird. Diese Beziehung ego cogito/transzendentaler Horizont („Mensch/Gott") wird detailliert in einer „Ideengeschichte der Zeit" aufgewiesen.
Die philosophische Interpretation der Zeit wird als Dialog oder dialektische Bewegung zwischen dem transzendentalen Horizont und dem ego cogito interpretiert, jedoch in bewußter und radikaler Überwindung der Konzeption Heideggers einer „Seinsgeschichte" als Geschichte des Verfalls des Seins, wie er sie im „europäischen Nihilismus" darlegte. Wyss rekurriert in seiner Konzeption vielmehr auf die Erfahrungen der christlichen Mystik, auf Meister Eckhart und Angelus Silesius, auf die von diesen Autoren immer wieder herausgearbeitete gegenseitige Abhängigkeit von „Gott und Mensch", damit die Frage Anselms aufgreifend: „Cur deus homo?" Gegenseitige Abhängigkeit, dialektischer Antagonismus, aber auch die Gefahr des Verfalls des transzendentalen Horizonts an die Veräußerlichung der Differenz im Weltprozeß machen es notwendig, daß der „transzendentale Horizont" selbst im Menschen sich „zeitigt", d. h. inkarniert. Leidvoll erfahrene Inkarnation erfährt ihren Vollzug im Menschen, wenn dieser sich nun in einer Gegenbewegung von der Differenz zur Einheit über Erkennen und Handeln bewegt. Diese Gegenbewegung, jetzt des ego cogito zum tran-

szendentalen Horizont hin – im zweiten Teil bewegte sich der transzendentale Horizont als „radikales Nichts“ auf das ego cogito zu –, wird nun an dem Verhältnis von begrifflichem Denken und Erkennen zum Raum aufgewiesen. Wyss stellt die Vermittlungen zwischen beiden, zwischen Raum und „innerem Sinn“ dar, ihre Transpositionen bis zu der Erreichung des absoluten, mit sich identischen, homogenen Raumes, der dem Sein entspricht. Sowohl der zweite Teil (Zeiterfahrung) wie der dritte Teil (Raumerfahrung) bemühen sich in diesen großen Bögen jeweils vom posterius zum apriori und zum prius allen Seins, zur Einheit mit sich selbst auf zwei verschiedenen Wegen zu führen. Im dritten Teil dürften die erkenntnistheoretischen Ausführungen von besonderem Interesse sein, da Wyss den Erkenntnisakt als jeweils weltkonstituierende Verschmelzung von innerem Entwurf bildhafter Möglichkeiten mit der empirischen Differenz interpretiert. Die Frage nach dem Wesen der sogenannten Objektivität und der Naturwissenschaft wird ebenfalls in diesem dritten Abschnitt kritisch geprüft: die Objektivität der Naturwissenschaft, ihre sogenannten „Notwendigkeiten“, entsprechen der Objektivität des in der Differenz sich veräußernden, „gestorbenen“ transzendentalen Horizontes. Der vierte Abschnitt wendet sich dann dem Problem der Intersubjektivität zu, in besonderem Bezug und kritischer Auseinandersetzung mit der Verfehlung derselben durch Husserl und Heidegger (wie u. a. Löwith und Theunissen aufzeigten). In Anknüpfung an die vorausgegangenen Untersuchungen werden insbesondere wieder Leiden und Konflikterfahrung, das Erleben des Anderen als Anderer auch im Sinne der Todeserfahrung geschildert. Die Dialektik und Antagonistik des Eros, seine Leidbezogenheit nicht weniger als seine Beglückungsmöglichkeit, werden eingehend diskutiert, die Heterogenität ferner der monadischen Existenz des Menschen, der Intersubjektivität und der Objektivierung des Anderen qua Anderer, die Aufhebung der Monadizität im Ereignis der Intersubjektivität.

Im Rückgriff auf die vier fundamentalen Strukturen des Daseins und ihrer Modalitäten erfolgt über die Thematik der Intersubjektivität eine erneute ontologische Begründung dieser Strukturen und ihrer Modi, ihrer Bedeutung für die Psychopathologie und Psychologie – um damit den Schlußstein zu setzen: eine ontologische Begründung von Psychologie und Psychopathologie. Der fünfte Abschnitt endlich bringt eine Gegenüberstellung der insbesondere auf die Zeit bezogenen Ausführungen Husserls und Heideggers, eine detaillierte Interpretation der Husserlschen Untersuchungen zum Zeitbewußtsein. Diese Gegenüberstellung benutzt Wyss, um in einem sechsten Abschnitt seinen Standpunkt innerhalb der phänomenologischen Philosophie und Existenzialontologie selbst zu formulieren. Zum Seinsbegriff gegenüber Husserl und Heidegger schreibt er:[3]

„Der Seinsbegriff Husserls ist nicht vom Bewußtsein von…, von dem ego cogito (der ‚Egologie') und in der Konstitutionslehre von der Leistung des ego cogito zu trennen. Auch die (spätere) Konzeption der vorgegebenen Lebenswelt bleibt, als graduiert-sinnvoll sich enthüllende, Leistung des ego cogito. Demgegenüber durchläuft der hier dargelegte Seinsbegriff mehrere Etappen: Er ist der Einheit von Differenz/Einheit, Welt und ego cogito vorgegeben, von diesen unabhängig (absolutes prius). Das Sein entäußert sich zur Differenz – Veränderung, Werden –, um sich über die Zeitigung am ego cogito, das sich aus der Konfrontation mit dem Sein als Negation – Tod – heranbildet, zur Einheit zurückzugewinnen. Dies ist nur durch Inkarnation – Verleiblichung – und Existenzwerdung möglich.
Die vorliegende Untersuchung fragt in die Entstehung des ego cogito, im Unterschied zu Husserl und Heidegger. Sie teilt die Auffassung seiner primären Weltlosigkeit (‚Fensterlosigkeit') mit Husserl – die hier jedoch nach der Konfrontation mit dem Tode, im Gegensatz zum Erleben, entsteht. Die ‚Fensterlosigkeit' des ego cogito – eines der fundamentalen, nicht als gelöst zu bezeichnenden Probleme der Husserlschen Egologie – wird aber durch Einführung der ‚sekundären' Transzendenz in der gegenseitigen Entkonstituierung (Destruktion), in Handeln und Konstituierung (Konstruktion), im Wahrnehmen von Ich und Welt, in der ‚Gegenwende' (Position) des Ich nach der Todesbegegnung überwunden. Das ego cogito entsteht an der objektiven Transzendenz der Todeskonfrontation, die die Voraussetzung der ‚subjektiven', sekundären Transzendenz ist, in der Welt und Ich sich gegenseitig permanent konstituieren und entkonstituieren. D. h., im Unterschied zu Husserl wird über das prius der absoluten Transzendenz hinausgehend die

---

[3] Wyss, Zwischen Logos und Antilogos, a. a. O. 663.

Konstitution der Welt dynamisch als gegenseitig-antithetisches Verhältnis zwischen ego cogito und Welt in der sekundären Transzendenz gesehen. Dies wurde in den erkenntnistheoretischen Untersuchungen im Teil III präzisiert. Die Transzendenz des ego cogito im Verhältnis zur Welt ist primär – analog zu der Todeserfahrung – destruktiv, Welt wird entkonstituiert, um dann wiederum, in Verschränkung mit der Welt, konstituiert und in der Perspektive geortet zu werden."

In der Kritik des Husserlschen Zeitbegriffes, insbesondere in der Verräumlichung des Zeitflusses, durch Punktualisierung von Protention und Retention, in der Unmöglichkeit, eine Weltzeit zu konstituieren – ebensowenig wie bei Heidegger –, schreibt Wyss:[4]

„Demgegenüber hat die Zeitauffassung des Verfassers mit der Husserls in erster Linie das Bewußtsein von Zeit als ‚Zeitigen' gemeinsam – fundamentales Bindeglied beider Konzeptionen. Andererseits wurde aber die Zeitproblematik durch die Frage nach der Entstehung des Zeitbewußtseins am Tode und allen daraus sich ergebenden Konsequenzen dargelegt: so die grundlegende Differenz zwischen Veränderung (Wandel) des transzendentalen Horizontes überhaupt, der Veränderung ferner im zeitfremden Erleben, der Veränderung als bewußtem Erfahren zeitlicher Folge, im Verhältnis zu der der Dauer. Letztere wurde als Transposition des Andauerns des Todes in das In-Einander des Bewußtseins des Andauerns – damit ein Maßstab, um Bewegung und Folge zu registrieren, vermittelt – grundlegend anders als durch Husserl und Heidegger behandelt. Das ‚Zeitigen' des ego cogito und die objektive Zeit wurden in ihrem unauflöslichen, aber auch antithetischen Zusammenhang aufgezeigt. Die objektive Zeit ist ‚objektiv', weil sich am ego cogito der transzendentale Horizont zeitigt, es Zeit als Bewußtsein von Folge nur für das ego cogito gibt, diese Objektivität jedoch nicht möglich wäre, wenn die Zeit nicht schon als zeitfremde Veränderung des Werdens des transzendentalen Horizontes und des Alogischen aufträte. Die objektive Zeit wird durch das Phänomen der Gleichzeitigkeit der Verschränkung ego cogito/transzendentaler Horizont ermöglicht. Diese Gleichzeitigkeit wiederum bedingt die antilogische Struktur der objektiven Zeit. Die hier vorgetragene Zeitkonzeption bemüht sich einerseits, eine Brücke zwischen den zahlreichen, dargelegten Antinomien der Zeit (s. o.) zu schlagen, eine Synthese über die antithetische Verschränkung ego cogito/transzendentaler Horizont zu bilden, andererseits der Zeit des Erlebens,

[4] Ebd. 671.

der Zeit der kosmischen Veränderungen, der objektiven Zeit und der ‚subjektiven' gerecht zu werden.
Methodisch der Phänomenologie Husserls (und von der Lebensphilosophie Diltheys maßgeblich beeinflußt) verpflichtet, treffen für Heideggers Konzeption – wenn auch zweifellos über Husserl hinausgehend – alle die Bedenken zu, die gegenüber der subjektivistisch-nominalistischen Auffassung Husserls bereits dargelegt wurden und die nicht noch einmal wiederholt seien. Entscheidend sei jedoch in Erinnerung gerufen, daß es auch in Heideggers Seins-Konzeption kein ontologisch vorgegebenes Sein im Sinne der universalia ante rem gibt. Er distanziert sich ausdrücklich von der abendländischen Entwicklung des Seinsbegriffes, folglich entfallen auch Vermittlungen zwischen einem möglichen, absoluten prius allen Seins und dem Seienden und Dasein. Im Prinzip – wenn auch umstritten – gibt es ‚Sein' nicht ohne ‚Dasein'. Die methodische Problematik wird weiterhin in den phänomenologischen Reduktionen Heideggers sichtbar; Voraussetzung ist z. B., daß die Zeit von der Sorge bis zur Schuld alle Begriffe reduktiv subsumiert, auch wenn diese im einzelnen erst als Existenzialien expliziert wurden. Jedoch wurde die ‚Gewaltsamkeit' der Methode sichtbar, die nicht unerheblichen Simplifikationen, zu denen sie führt, wenn etwa das Gewissen und sein ‚Ruf' zu einem völlig unspezifischen ‚Schweigen' aufgelöst (‚reduziert') werden."

Der Leser wird sich aus diesen Darlegungen zumindest eine annähernde Vorstellung von der Bedeutung der Untersuchungen von D. Wyss für die Medizinische Anthropologie, die Psychiatrie und insbesondere auch für die Anregung der phänomenologischen und existenzialontologischen Philosophie bilden können. Der Rahmen der vorliegenden Darlegung erlaubt es nicht, auf das umfangreiche Werk *Der Kranke als Partner* (2 Bände, 1982) einzugehen, in dem sich D. Wyss nach *Zwischen Logos und Antiologos* erneut der Praxis anthropologisch bemühter Krankenbehandlung zugewandt hat, um hier die „amplifikatorische Phänomenologie" in Empirie und Praxis weiterhin zum Tragen zu bringen.

Monographien von D. Wyss

Der Surrealismus. Eine Pathographie moderner Kunst, Heidelberg 1950.
(gemeinsam mit Viktor v. Weizsäcker) Zwischen Medizin und Philosophie, Göttingen 1957.

Die tiefenpsychologischen Schulen von den Anfängen bis zur Gegenwart, Göttingen 1961, ^{5}1977.

Strukturen der Moral – Untersuchungen zur Anthropologie und Genealogie moralischer Verhaltensweisen, Göttingen 1968, ^{2}1970.

Marx und Freud. Ihr Verhältnis zur modernen Anthropologie, Göttingen 1969.

Lehrbuch der medizinischen Psychologie und Psychotherapie, Göttingen 1971.

Beziehung und Gestalt. Entwurf einer anthropologischen Psychologie und Psychopathologie, Göttingen 1973.

Lieben als Lernprozeß, Göttingen 1975.

Mitteilung und Antwort. Untersuchungen zur Biologie, Psychologie und Psychopathologie der Kommunikation, Göttingen 1976.

Die anthropologisch-existenzialontologische Psychologie und ihre Auswirkungen insbesondere auf die Psychiatrie und Psychotherapie, Zürich 1976.

Zwischen Logos und Antilogos. Untersuchungen zur Vermittlung von Hermeneutik und Naturwissenschaft, Göttingen 1980.

Der Kranke als Partner. Lehrbuch der anthropologisch-integrativen Psychotherapie, 2 Bde., Göttingen 1982.

Deutsche Gesellschaft für phänomenologische Forschung

Internationale wissenschaftliche Tagung
Trier
10. bis 13. April 1985

Vernunft und Kontingenz. Möglichkeiten und Grenzen der Rationalität in der Phänomenologie

Vorläufiges Tagungsprogramm

Mittwoch, 10. April 1985

17.00 Uhr: Eröffnung

Hermann *Lübbe*, Zürich
Handlungssinn und Lebenssinn. Über die Reichweite von Rationalitätspostulaten

Donnerstag, 11. April 1985

vormittags

Plenarsitzung

Paul *Ricœur*, Paris
Le mal comme défi à la philosophie et le rôle du mythe dans l'expression de ce dèfi

Bernhard *Waldenfels*, Bochum
Die Philosophie Michel Foucaults

Yoshihiro *Nitta*, Tokio
Die Phänomenologie und das außereuropäische Denken

nachmittags

I

Käte *Mayer-Drawe*, Bochum
Domestizierung eines wilden Denkens? Zu Piagets Konzeption der Entwicklung von Rationalität

Richard *Grathoff*, Bielefeld
Milieubedingte Normalität und systematische Rationalität

Robert E. *Innis*, Lowell
Ästhetische Rationalität als soziale Norm

II

Rainer *Bast*, Trier
Zu Heideggers frühem Wissenschaftsbegriff

John *Sallis*, Chicago
Rationalität beim späten Heidegger?

Alexander *Haardt*, Münster
Phänomenologie und strukturelle Sprachanalyse bei Gustav Špet. Zur russischen Husserl-Interpretation der zwanziger Jahre

Freitag, 12. April 1985

vormittags

Plenarsitzung

Dagfinn *Føllesdal*, Stanford und Oslo
Rationalität in Husserls Phänomenologie

J. N. *Mohanty*, Oklahoma
Phenomenological Rationality and the overcomming of Relativism

Gilles *Granger*, Aix-en-Provence
Nécessité et a priori dans la science contemporaine

nachmittags

I

Rudolf *Bernet*, Löwen
Derridas Husserl-Kritik

Irene *Harvey*, PennState
Derridas Begriff der Dekonstruktion und Heidegger

Paul *Janssen*, Köln
Die Tragweite des Husserlschen Konzeptes einer Transzendentalphänomenologie

II

Otto *Pöggeler*, Bochum
Die Frage nach der Intessebedingtheit der Vernunft

Ulf *Matthiesen*, Frankfurt a. M.
zu Schelers Rationalismuskritik

Karl *Acham*, Graz
Rationalität in den Sozialwissenschaften

Samstag, 13. April 1985

vormittags

Plenarsitzung

Zur Möglichkeit einer nichtmetaphysischen Ethik
Beiträge von Werner *Marx*, Freiburg i. Br.; Hans-Georg *Gadamer*, Heidelberg; Adriaan *Peperzak*, Nijmegen

Anmeldungen und Anfragen können gerichtet werden an:
Prof. Dr. E. W. Orth, Universität Trier, Fachbereich I, Abt. Philosophie, D-5500 Trier-Tarforst, Tel.: (0651) 2012364.

Neuerscheinungen zur phänomenologischen Forschung

Zeitschriften

Dilthey-Jahrbuch für Philosophie und Geschichte der Geisteswissenschaften, hrsg. von Frithjof Rodi, Bd. 1, Göttingen: Vandenhoeck & Ruprecht 1983.

Husserl Studies, ed. by J. N. Mohanty and Karl Schuhmann, Vol. 1, Den Haag: Nijhoff 1984.

Husserliana

Edmund Husserl: Phantasie, Bildbewußtsein, Erinnerung. Zur Phänomenologie der anschaulichen Vergegenwärtigungen. Texte aus dem Nachlaß 1898–1925, hrsg. von Eduard Marbach, Hua XXIII, Den Haag: Nijhoff 1980.

Edmund Husserl: Studien zur Arithmetik und Geometrie. Texte aus dem Nachlaß 1886–1901, hrsg. von Ingeborg Strohmeyer, Hua XXI, Den Haag: Nijhoff 1983.

Edmund Husserl: Logische Untersuchungen. Zweiter Band, erster und zweiter Teil, hrsg. von Ursula Panzer, Hua XIX/1 u. 2, Den Haag: Nijhoff 1984.

Phaenomenologica

Herbert Spiegelberg und Eberhard Avé-Lallemant (Hrsg.): Pfänder-Studien, Den Haag: Nijhoff 1982 (Nr. 84).

Serge Valdinoci: Les Fondements de la Phénoménologie Husserlienne, Den Haag: Nijhoff 1982 (Nr. 85).

Ichiro Yamaguchi: Passive Synthesis und Intersubjektivität bei Edmund Husserl, Den Haag: Nijhoff 1982 (Nr. 86).

Joseph Libertson: Proximity. Levinas, Blanchot, Bataille and Communication, Den Haag: Nijhoff 1982 (Nr. 87).

Donn Welton: The Origins of Meaning. A Critical Study of the

Thresholds of Husserlian Phenomenology, Den Haag: Nijhoff 1983 (Nr. 88).

William R. McKenna: Husserl's „Introductions to Phenomenology". Interpretation and Critique, Den Haag: Nijhoff 1982 (Nr. 89).

J. Philip Miller: Numbers in Presence and Absence: A Study of Husserl's Philosophy of Mathematics, Den Haag: Nijhoff 1982 (Nr. 90).

Ullrich Melle: Das Wahrnehmungsproblem und seine Verwandlung in phänomenologischer Einstellung. Untersuchungen zu den phänomenologischen Wahrnehmungstheorien von Husserl, Gurwitsch und Merleau-Ponty, Den Haag: Nijhoff 1983 (Nr. 91).

William S. Hamrick (Hrsg.): Essays for Herbert Spiegelberg, Den Haag: Nijhoff 1984 (Nr. 92).

Maurita J. Harney: Intentionality, Sense and the Mind, Den Haag: Nijhoff 1984 (Nr. 94).

Kah Kyung Cho (Hrsg.): Philosophy and Science in Phenomenological Perspective, Den Haag: Nijhoff 1984 (Nr. 95).

Weitere Neuerscheinungen

Ludwig Landgrebe: Faktizität und Individuation. Studien zu den Grundfragen der Phänomenologie, Hamburg: Meiner 1982.

Werner Marx: Gibt es auf Erden ein Maß? Grundbestimmungen einer nicht metaphysischen Ethik, Hamburg: Meiner 1983.

Maurice Merleau-Ponty: Das Auge und der Geist. Philosophische Essays, hrsg. und übersetzt von Hans Werner Arndt, Hamburg: Meiner 1984.

Edmund Husserl: Die Konstitution der geistigen Welt (Text nach Hua IV), hrsg. und eingel. von Manfred Sommer, Hamburg: Meiner 1984.

Wilhelm Dilthey: Das Wesen der Philosophie. Mit einer Einleitung hrsg. von Otto Pöggeler, Hamburg: Meiner 1984.

Antonio F. Aguirre: Die Phänomenologie Husserls im Licht

ihrer gegenwärtigen Interpretation und Kritik, Darmstadt: Wiss. Buchges. 1982.

Bernhard Waldenfels: Phänomenologie in Frankreich, Frankfurt a. M.: Suhrkamp 1983.

Frithjof Rodi und Hans Ulrich Lessing (Hrsg.): Materialien zur Philosophie Wilhelm Diltheys, Frankfurt a. M.: Suhrkamp 1984.

J. N. Mohanty: Husserl and Frege. Studies in Phenomenology and existential Philosophy, Bloomington: Indiana University Press 1982.

H. R. Wagner: Phenomenology of Consciousness and Sociology of Life-World. An Introductory Study, Edmonton/Kanada: University of Alberta Press 1983.

Emmanuel Lévinas: Die Spur des Anderen. Untersuchungen zur Phänomenologie und Sozialphilosophie, übers., hrsg. und eingel. von W. N. Krewani, Freiburg/München: Alber 1983.

Otto Friedrich Bollnow: Studien zur Hermeneutik. Bd. I: Zur Philosophie der Geisteswissenschaften, Freiburg/München: Alber 1982. Bd. II: Zur hermeneutischen Logik von Georg Misch und Hans Lipps, Freiburg/München: Alber 1983.

O. F. Bollnow im Gespräch, hrsg. von H.-P. Göbbeler und H. U. Lessing, mit einem Vorwort von Frithjof Rodi, Freiburg/München: Alber 1983.

Otto Pöggeler: Heidegger und die hermeneutische Philosophie. Freiburg/München: Alber 1983.

Ernst Wolfgang Orth (Hg.)

Dilthey und die Philosophie der Gegenwart

Frühjahr 1985. Reihe: Alber-Broschur Philosophie
ISBN 3-495-47572-9

Inhalt:

Verlag Karl Alber, Freiburg/München

Hans-Ulrich Lessing

Die Idee einer
Kritik der historischen Vernunft

Wilhelm Diltheys
erkenntnistheoretisch-logisch-methodologische Grundlegung
der Geisteswissenschaften

1984. Typoskript. 376 Seiten. ISBN 3-495-47549-4

Das Buch unternimmt den genetisch-systematischen Versuch einer Rekonstruktion von Diltheys „Kritik der historischen Vernunft“, die er in seinem – unvollendet gebliebenen – systematischen Hauptwerk, der „Einleitung in die Geisteswissenschaften“ (Erster Band, 1883) entwickeln wollte. Aufgrund der jetzt in den Bänden XVIII und XIX der „Gesammelten Schriften“ Diltheys zugänglich gewordenen Texte vermag Lessing die Vorgeschichte und die geplante systematische Fortsetzung des Ersten Bandes der „Einleitung“ erstmals zu rekonstruieren, um so das Gesamtkonzept von Diltheys erkenntnistheoretisch-logisch-methodologischer Grundlegung der Geisteswissenschaften hinsichtlich ihrer Struktur und ihrer leitenden Philosopheme darzustellen.

Verlag Karl Alber, Freiburg/München